Me cuesta tanto olvidarte

Un enfoque humano y terapéutico del duelo, por la psicóloga que mejor lo conoce.

Paz Orellana

Me cuesta tanto olvidarte
Un enfoque humano y
terapéutico del duelo,
por la psicóloga que
mejor lo conoce.

Primera edición: julio de 2016

© Comunicación y Publicación Caudal, S.L.
© Paz Orellana

ISBN: 978-84-16824-01-4
ISBN digital: 978-84-16824-06-9
Depósito legal: M-25045-2016

Editorial Adarve
C/ Alameda del Valle 34
28031 Madrid
editorial@editorial-adarve.com
www.editorial-adarve.com

Impreso en España

Para todos aquellos que temen olvidarme, recordadme siempre en el amor, recordarme siempre en la alegría.

Nota del editor

No recuerdo cuántas veces he tenido que llamar a Paz para decirle, irritado como siempre, que «a ver cuando terminaba el texto de una vez». Tampoco sé cuántas me ha respondido «que estaba en ello y que no era sencillo escribir sobre algo tan delicado, complejo e íntimo como es el duelo». Al fin lo tengo —lo tenemos— bajo estas breves líneas que escribo lleno de agradecimiento.

Con la frescura de quien no se dedica a la profesión de escribir y con la garantía profesional de la psicóloga que más duelos ha compartido, este libro llega hasta nosotros persiguiendo una única finalidad; la de ayudarnos a caminar cuando el sendero se bifurca y nos deja solos en la parte más difícil de la linde y en la más oscura.

A Paz le pedí un libro inmenso. A usted, amable lector amigo, solo voy a pedirle algo sencillo: no desperdicie ni una sola palabra de esta obra, que habla sin miedo de la muerte porque está llena de vida.

Contenido

«Mi tristeza a veces se convierte en
dolor que aprieta mi pecho; otras,
en angustia que me impide respirar.
Y entonces salgo a buscarlo, me parece
que oigo su voz, que siento sus pasos...
Dios, ¡cómo extraño sus llegadas a casa!»

Prefacio

A menudo se figura la vida como un camino o un río a cuyo fin todos llegamos después de recorrerlo en compañía de nuestros seres queridos. En su azarosa andadura compartimos la carga con aquellos que nos rodean construyendo a nuestro alrededor un andamiaje de afectos que además debe servir de base a los que queden tras de nosotros.

Para nuestra desdicha, la ruptura de alguno de estos lazos nos deja a menudo desvalidos de aquellos apoyos que nos acompañaron siempre. No es, pues, de extrañar que uno de los más duros trabajos a los que cabe enfrentarnos en el curso de la vida sea reconstruir desde la ausencia este profundo entramado de buenos sentimientos súbitamente cercenados.

En esta obra trataremos de indagar en algunas de las claves que determinan la respuesta del ser humano ante tan dolorosa experiencia. Pretendemos que se puedan identificar la procedencia de una mezcla de profundos sentimientos, a menudo confusos, que nos angustian sin darnos tregua en tales momentos. Pretendemos, además, que estos sentimientos se puedan encauzar hacia un fin que no sea otro que el de permitir reintegrarnos a nuestra nueva vida, separados de la persona amada pero al mismo tiempo fomentando un vínculo sereno a través del cual combatir la ausencia y el olvido.

El conocimiento y las experiencias vertidos en este libro tratan también de ayudar a detectar aquellas actitudes y comportamientos que deberían alertarnos sobre un desarrollo anómalo o incompleto del proceso hacia un estado de aceptación de la perdida que sea soportable anímicamente. Cuando la recuperación se hace imposible debido a continuas recaídas en los estados de desesperación y desorientación propios de los primeros momentos se muestran de forma clara síntomas de que el proceso no está teniendo lugar adecuadamente y se hace necesaria ayuda terapéutica profesional.

La experiencia del duelo es muy personal. Tanto, que solo por nosotros mismos seremos capaces de encontrar los mecanismos que nos permitan reintegrarnos en una vida necesariamente adaptada a la ausencia; solo nuestra propia experiencia nos permitirá, por tanto, alcanzar ese estado de sereno dolor y emotivo recuerdo, permitiéndonos mantener un vínculo sentimental con la persona amada.

Porque el duelo es una reacción emocional, física y espiritual de respuesta a la muerte que nos ayuda a restablecer nuestro equilibrio personal, nos ayuda a mitigar el dolor a límites soportables, y en suma, nos ayuda a seguir viviendo junto a nuestras emociones.

El duelo puede presentarse también ante otras circunstancias vitales distintas de la muerte, como puedan ser una ruptura de pareja, la marcha de los hijos —*síndrome del nido vacío*— o incluso por la pérdida del trabajo.

En efecto, la muerte está presente en nuestra existencia cotidiana. La vemos y oímos en las noticias diariamente y, aún así, al golpear en nuestro entorno la primera reacción es su negación. Nos quedamos paralizados, impedidos para asumir las consecuencias de tan trágico suceso sin admitir que nunca más veremos y hablaremos a la persona amada; que jamás volveremos a compartir risas o lágrimas, paseos, abrazos, caricias y besos… En tales circunstancias, lo único que sabemos es que nada volverá a ser lo que hasta entonces era parte de nosotros mismos y eso nos lleva a rebelarnos.

Pero el duelo nos resulta de mucha utilidad. Nos proporciona la ayuda para aceptar la ausencia y mantener un vínculo inextinguible en el terreno de los recuerdos y permite sustentar el afecto a través de nuevas vías adecuadas a la ausencia física nutriendo la relación en un escenario doloroso pero tolerable. Esto último resulta de vital importancia para el resto de nuestra vida y el resto de personas que quedan a nuestro alrededor.

Este vínculo orientado a través del amor consigue mantener la cercanía tras el final, traspasar la barrera de la ausencia, podría decirse y conseguir, por tanto, vencer a la muerte a través del amor.

Este nexo, además, lleva un proceso en el tiempo para poder anidar en nuestra vida. La preparación que interiorizamos al trágico desenlace al enfrentarnos a una larga enfermedad, aun sumidos en el rechazo y aferrados a la esperanza, nos proporciona un tiempo necesario para prepararnos. Un tiempo del que, lógicamente, carecemos cuando la muerte acontece de manera repentina.

Mientras en una larga enfermedad las expresiones de llanto incesante son expresiones de conducta que ayudan a mitigar el dolor, que alivian, en una muerte repentina el dolor es insoportablemente, desgarrador. Se bloquea en nosotros la capacidad de admitir la perdida, la conciencia de que ya no está entre nosotros y puede manifestarse sobre síntomas de carácter físico (somatización).

Recorrer el proceso del duelo es doloroso y en su trayecto nos enfrentamos a diferentes sentimientos tales como tristeza, ira, culpa, en ocasiones alivio y en otras apatía e insensibilidad. Pero, así y todo, el duelo nos permite seguir hacia adelante, nos ayuda a volver a ubicarnos en el espacio de vida y nos insta a seguir viviendo. Físicamente se manifiestan síntomas de opresión en el pecho y en la garganta, hipersensibilidad al ruido, falta de aire, de energía, taquicardia, sequedad en la boca...

A nivel cognitivo podemos manifestar, además, incredulidad, confusión, falta de concentración, preocupación, pensamientos reiterativos de carácter obsesivo como la idea de recuperar a la persona perdida, imágenes reiterativas del fallecido sufriendo o muriendo, sentimientos de presencia extra corporal e incluso alucinaciones visuales o auditivas.

Por último, a nivel conductual podemos manifestar trastornos del sueño —dificultad tanto para dormir como para despertar temprano—, pesadillas, trastornos en la alimentación, aislamiento o llanto inconsolable.

Al principio del duelo estas manifestaciones son muy intensas. El dolor en los primeros momentos y días puede llegar a ser desgarrador y muchas veces no podemos parar de llorar. Expresar las emociones en soledad o apoyándonos en nuestra familia y amigos es necesario para iniciar la superación de forma óptima.

Siendo la expresión de las emociones diferente entre las personas, son a su vez diferentes las expresiones del duelo. Porque algunas personas no pueden llorar y otras no pueden parar; no existe un patrón establecido para expresar los sentimientos, pero es indudable la necesidad de que esta expresión se manifieste de alguna manera y más pronto que tarde.

Y como quiera que todos no reaccionamos de la misma forma, las personas creyentes se pueden replantear sus creencias religiosas ante la muerte de un ser querido. Otras, por el contrario, se consolidan en ellas. Tanto si reaccionamos de una manera como de otra, serán igualmente útiles si nos sirven y nos ayudan a superar nuestro proceso de duelo.

En el duelo es muy común el sentimiento de culpa ante la pérdida de seres queridos, no solo en situaciones en las que la relación o los cuidados no fueron los idóneos. La culpa no aparece por discusiones entabladas o falta de contacto. Por eso, durante el transcurso del duelo podemos sentirnos culpables por lo que hicimos y por lo que dejamos de hacer, por nuestras palabras y nuestros silencios, por las decisiones y las dudas. Tampoco es inusual trasladar esa culpa hacia los demás y en algunos casos incluso al fallecido. Este sentimiento se agrava si va acompañado de ira, lo cual provoca mayor tensión y por ende mayor sufrimiento. Nos sentimos culpables porque notamos que la vida sigue, que retornamos a nuestras rutinas. Pensamos entonces que olvidamos al ser querido, que le apartamos de nuestros sentimientos; en una palabra, que le dejamos solo.

También trasladamos la culpa a los otros implicados en un accidente. En una enfermedad podemos llegar a culpar a los médicos (que no hicieron lo suficiente, que nos ocultaron la gravedad de la enfermedad o no supieron detenerla) y finalmente culparemos hasta el ser querido por dejarnos solos, por irse de nuestro lado para siempre.

Es importante entender aquí que toda esta culpabilidad no es otra cosa que nuestra traducción al rechazo de la muerte, nuestro intento de rebelión contra el forzoso adiós al ser amado.

Es la ira otra manifestación usual que se presenta en el duelo y aun aparentando ser en principio un sentimiento negativo, puede ser valioso en su función de exteriorizar nuestra pena y evitar el bloqueo anímico provocado por la impotencia.

Íntimamente relacionado a la culpa ambas emociones trasvasan entre si el rechazo a la muerte y tratan de contestar a las preguntas que nos acechan en tales momentos. ¿Por qué? ¿Por qué tú? ¿Por qué a mí? ¿Por qué ahora? ¿Qué será de mi vida? ¿De nuestros planes?

No es extraño tampoco sentir ira hacia los demás. No concebimos que la vida que para nosotros haya cambiado de manera tan brutal pueda continuar en otros como si nada y la comparación se nos muestra en toda su crudeza y cabe la tentación de aislarnos de familiares y amigos para evitar este sentimiento que nos abrasa. También favorece el aislamiento la incapacidad de realizar actividades que pierden su sentido al realizarlas en solitario o con otras personas diferentes.

El miedo es este otro sentimiento que frecuentemente acompaña a las primeras etapas del duelo. Aun siendo el miedo a la muerte un miedo ancestral ligado consustancialmente a los seres humanos, en la sociedad moderna se tiende a soslayarlo y a vivir en la ilusión de ser algo ajeno a nuestro entorno. Es por ello que entre las primeras reacciones a la muerte de un ser querido aparezca la negación y la incredulidad y si no es asimilada en un tiempo razonable anida y crece en nosotros en forma de miedo; miedo hacia el futuro incierto, miedo a la soledad, miedo a la falta de control de la situación degenerando en cuadros de ansiedad que alargan y dificultan un proceso tan complejo como el que nos ocupa.

Todos estos sentimientos aparecerán en el proceso del duelo, todos ellos deberemos afrontarlos puesto que es la función del duelo que todos ellos se encaminen al fin último que no es otro que el de aprender a vivir en la ausencia, manteniendo la relación, ahora y aquí, pero una dimensión diferente.

Si muero sobrevíveme con tanta fuerza pura
Que despiertes la furia del pálido y del frío,
De sur a sur levanta tus ojos indelebles,
De sol a sol que suene tu boca de guitarra.

No quiero que vacilen tu risa ni tus pasos,
No quiero que se muera mi herencia de ale-
gría,
No llames a mi pecho, estoy ausente.
Vive en mi ausencia como en una casa.

Es una casa tan grande la ausencia
Que pasarás en ella a través de los muros
Y colgarás los cuadros en el aire.

Es una casa tan transparente la ausencia
Que yo sin vida te veré vivir
Y si sufres, mi amor, me moriré otra vez.

PABLO NERUDA

Como evolución necesaria y natural a la que aludimos antes, el duelo tiene una serie de etapas, tiene un principio y un
final, pero no se da de forma lineal o progresiva sino que las
manifestaciones en forma de sentimientos que experimenta-
mos en las distintas etapas se mezclan y solapan de tal manera
que no es extraño por ejemplo tener sentimientos de ira, tristeza o culpa a un mismo tiempo.

Lo que sí es definitorio es su final, tanto que deberemos
aprender a detectarlo. Ese final no es otro que el de la aceptación, que hayamos aprendido a vivir sin el ser querido (no se

trata de olvidarle ni de que disminuya nuestro amor por él), es cuestión de aprender a quererlo de otra forma. Porque la falta de contacto físico no implica la renuncia a mantener una relación afectiva con la persona, encontraremos formas de expresar nuestro amor, de extenderlo en el tiempo, sentiremos consuelo en constatar que la muerte no ha vencido nuestros sentimientos hacia su persona. Que estos sentimientos perviven a pesar de la muerte y de todo.

No obstante, la aceptación sí implica que deberemos encajar cambios en nuestra vida. Aprenderemos a adecuarla a la nueva situación, a organizar nuestras actividades que, aun siendo distintas y sin duda menos gratas, nos obligarán a seguir viviendo por nuestro bien y por los que nos rodean.

La aceptación no va a conllevar, en absoluto, la desaparición del dolor, solo se trata de que este se circunscriba a límites adecuados de soportabilidad. Llegaran momentos, fechas memorables, cumpleaños, fiestas familiares y también lugares o incluso olores y melodías en los que, sin importar el tiempo transcurrido, el dolor se agudice por que el ser querido no está con nosotros. Son días para luchar contra la ausencia por medio del recuerdo. En tal caso se puede invocar su presencia a nuestro lado a través de pequeños actos que proporcionarán la sensación de que seguimos contando con él, que sigue siendo importante para nosotros y que de alguna manera aun nos acompaña y comparte nuestras vivencias de ahora mismo.

Pero es importante tener en cuenta que para llegar a este punto nos espera un largo y doloroso camino y recorrerlo plenamente y sin mayores contingencias es precisamente la función anímica del proceso del duelo.

Todo comienza en el mismo instante de recibir la noticia, sin importar lo larga que haya sido una enfermedad o las penalidades que se hayan padecido hasta su conclusión. La reacción primera es la incredulidad y la negación. Porque nadie está suficientemente preparado para una noticia como esta.

En toda circunstancia, aun en la más lejana relación, se mantiene un vínculo entre las personas que han formado parte de nuestro entorno. Solo la constatación de que jamás volveremos a escucharle, que nunca lo volveremos a ver... Solo la pérdida de toda esperanza provoca en nosotros el inicio del duelo, y solo en este momento se desarrollan con toda intensidad en nuestro interior los procesos físicos, cognitivos y conductuales que comentamos al inicio: taquicardia, presión en el pecho, vacío en el estómago, nauseas, mareos, distorsión de ideas, también comienza el llanto inconsolable, el dolor desgarrador. Son, como es natural, los momentos en los que todos estos síntomas se presentan con toda su crudeza.

La visión del fallecido, la asistencia al entierro marcan significativamente el inicio del duelo. Simbolizan la despedida definitiva y es necesario decir «adiós» para más tarde, al pasar del tiempo, hayamos superado el proceso del duelo hasta poder «decir hola».

Es por ello que cuando se da la circunstancia de la falta del cuerpo —que ocurre por ejemplo en caso de desapariciones, de accidentes en lugares recónditos o grandes catástrofes— la despedida se frustra porque permanece en nosotros, por muy frágil que sea, la esperanza de una salvación, de un rencuentro. El proceso entonces se bloquea y no llegamos a iniciar el duelo.

Ocurre también en ocasiones que el bloqueo mental provocado por el *shock* de una muerte cercana hace que ni siquiera el acto del entierro provea de un inicio al proceso del duelo y que estas personas se vean superadas por los acontecimientos de tal manera que asistan a ellos como si aquello le estuviera sucediéndole a otros. Lo que sucede en este caso es que bloquean sus procesos cognitivos para no enfrentarse a una realidad que se les hace insoportable. En tales casos han de escenificarse pequeños actos simbólicos como depositar velas encendidas, recuerdos, fotos o pequeños objetos personales en lugares que fueron significativos para la persona fallecida y que puedan ayudarnos a la despedida que marque el inicio del proceso de duelo.

La profunda tristeza que caracteriza el inicio del duelo marca una etapa de desesperanza. En esta fase comienzan los reproches a nosotros mismos, a nuestro entorno y al propio difunto a las que aludimos antes. Se pierde entonces la autoestima, tendemos hacia el aislamiento porque sentimos culpabilidad de mantener las relaciones con los demás en las mismos términos en los que hasta ahora habían sido, no deseamos asistir a eventos familiares, las actividades más comunes se nos presentan con enorme dificultad y cualquier ocupación se nos presenta como algo tremendamente ingrato si no podemos compartirla con el ser amado.

Físicamente se pierde el ritmo vital, nos cuesta conciliar el sueño y empezar la actividad por la mañana. La dieta se desequilibra —o bien falta el apetito o se hace compulsivo—, desaparece el horario al que estábamos habituados y, en su lugar, nos enfrentamos a un espacio totalmente ocupado por pensamientos centrados en la persona perdida. Todo gira, entonces, en torno al recuerdo incesante de esa persona, siendo pensamientos recurrentes y funestos relacionados con los días previos a la muerte y referidos, también, al momento mismo del óbito. Las imágenes desesperanzadoras y tristes invaden por completo nuestro ser acrecentando el sufrimiento.

Pierde sentido toda actividad otrora gozosa. Leer o ver una película dejan de sernos útiles por la falta de concentración, superponiendo y mezclando las imágenes que nos evocan con las del ser querido, especialmente las imágenes más relacionadas con su sufrimiento y su muerte. En tal caso, deberemos hacer un esfuerzo para tratar de separarnos de estas imágenes y, aunque nos resulte imposible en los primeros pasos del proceso, irlas sustituyendo paulatinamente por otras más serenas y de evocación más gratificante.

Tras esta fase de desesperanza y profunda tristeza es frecuente que aparezca en nuestro ánimo ira, enfado u hostilidad. No es extraño, además, que surjan conductas violentas hacia los demás o hacia nosotros mismos. Porque tras la incredulidad surge la rebeldía, no admitimos la perdida y la ira nos ayuda a canalizar nuestra insumisión. Como ya dijimos los sentimientos corren yuxtapuestos y en ocasiones lloramos de dolor y en otras de rabia alternando en nuestro ánimo una y otra. Al principio de forma desgarradora y poco a poco de manera más serena, la intensidad va moderándose hasta llegar a la etapa de aceptación en la que se puede decir que el duelo ha sido superado

Es, pues, la etapa de aceptación la más importante en cuanto que supone la superación del proceso de duelo, pero es también la que presenta mayor dificultad debido al miedo que genera. El miedo al pensamiento de que hemos olvidado a nuestro ser querido, parece poner en duda la sinceridad y consistencia de nuestros sentimientos. Nos angustia la idea de que vamos a dejar de tenerle presente, que en cierto modo traicionamos su recuerdo.

El hecho de la aceptación es, por el contrario, el aprendizaje necesario para vivir sin esta persona. Es aprender a quererle de otra manera, es aprender a expresar nuestro cariño y nuestros sentimientos fuera del ámbito acostumbrado, de los besos y las caricias. Crearemos otra forma de mantener ese vínculo y hacerlo inextinguible.

La aceptación no supone el olvido ni mucho menos. Ni siquiera implica la atenuación de nuestros sentimientos hacia la persona querida, pero sí nos proporciona el medio para volver al ámbito de la vida, alejados del ser amado pero al mismo tiempo conviviendo con su recuerdo. Es necesaria la aceptación para volver a relacionarnos con otras personas de nuestro entorno y con sus vivencias de manera natural y saludable, es la aceptación necesaria para volver a un ritmo normal de horarios, volver a participar en actividades cotidianas con la conciencia de que lo haremos sin su presencia física pero que a nuestro modo nos acompañará siempre.

Podremos mantener un recuerdo sereno y consolador porque habrá pasado el tiempo en el que los sentimientos se solapaban amparando el sufrimiento y la confusión En pocas palabras, habremos aprendido que decir «adiós» es decir «hola».

Existen numerosas variables que condicionan tanto la duración como la intensidad de las diferentes fases por las que pasamos hasta llegar a la aceptación como culminación de un proceso de duelo. Como es lógico, el vínculo afectivo es el primer determinante de la evolución del proceso de duelo. Este apego definirá la reacción emocional que aumenta en su gravedad proporcionalmente a la intensidad de la relación afectiva. Según la teoría de Bowlby, el apego proviene de la necesidad de protección y seguridad que tenemos desde pequeños, por eso ante la muerte de nuestros padres sentimos la sensación de desprotección e inseguridad de forma más intensa puesto que el vínculo que establecemos con ellos es, en este aspecto, muy significativo.

Otro condicionamiento básico es la edad de la persona fallecida. Es evidente que el mismo carácter de la vida como un proceso natural cuyo fin se acerca inexorablemente nos hace a todos más receptivos al ineludible desenlace cuando este se produce en personas de edad avanzada y que al contrario. Gráficamente, se hace mucho más difícil de aceptar cuando se trata de personas jóvenes, y esto es así incluso en las perdidas de bebes en periodo de gestación o recién nacidos. La creencia de que la falta de recuerdos atenúa el sufrimiento es falsa puesto que el vínculo con la madre se establece desde estadios muy tempranos del proceso de gestación, sin contar con los vínculos afectivos que se establecen desde que le proveemos de un nombre y empezamos a utilizarlo, desde que empezamos a imaginar con ilusión los proyectos con nuestro bebe, sus expresiones, sus primeras sonrisas, sus abrazos, sus besos, sus primeras palabras, su primer día de guardería, su primer día de colegio…

Las circunstancias de la muerte también suponen un condicionamiento importante en el desarrollo del duelo y existen claras diferencias al enfrentarnos a la desgracia de una muerte natural, una accidental, un homicidio o un suicidio.

Mientras la muerte natural, debido el mismo lapso de tiempo transcurrido en el desarrollo de la enfermedad, nos prepara de manera más adecuada a su asimilación en una fase que denominábamos pre-duelo, la muerte accidental, por el contrario, al faltar esta preparación, se enfrenta de manera más traumática al triste hecho, prolongando el desarrollo de las primeras fases del duelo.

Los homicidios y suicidios por su parte incorporan al shock inherente de la muerte repentina el sentimiento de incomprensión y negación siendo las sensaciones de culpa y reproche más acentuadas.

El hecho de haber pasado por experiencias de duelo anteriormente o el historial de salud mental son circunstancias que también influyen en el proceso. Así, si la persona que lo padece ha tenido episodios de trastornos de la personalidad habrá más probabilidad de que el proceso de duelo se complique y prolongue en el tiempo, pudiendo desembocar en una depresión u otros trastornos.

También ante la perspectiva de nuestra propia muerte se ha de establecer un proceso de duelo. Cuando nos encontramos ante tal circunstancia por un diagnóstico de enfermedad fatal, por ejemplo, las fases por las que vamos a transitar son muy parecidas a las ya tratadas y en este caso la culminación mediante la aceptación consiste en asimilar el hecho de nuestra propia muerte. En un principio padeceremos una etapa de *shock*, el llanto será nuestra principal manifestación emotiva y la negación nuestra habilidad para poder asimilar tal circunstancia. La negación nos llevará a dudar del diagnóstico empujándonos a recabar la opinión de nuevos especialistas y nuevas pruebas clínicas. Al igual que en el duelo por otras personas, pasaremos por escenarios de tristeza, ira y culpa entreverados y alternando en nuestro ánimo. Tristeza por lo que dejaremos atrás, por la incertidumbre sobre el futuro de las personas que dependen de nosotros, por los proyectos que les involucran y ya no podremos compartir. Sentiremos ira hacia los demás y hacia nosotros mismos, ira dirigida por la envidia hacia personas sanas. Finalmente nos embargara la culpa por no habernos cuidado mejor, por hacer caso omiso a los avisos, por no haber acudido al medico con mas frecuencia.

La asimilación de nuestra propia muerte por un proceso de aceptación nos llevara a un estado de ánimo de tristeza contenida similar al de un duelo común y, por contraste con los crudos sentimientos padecidos durante el proceso, a una fase de serenidad y descanso que nos facilitará la despedida de nuestros seres queridos.

Amor mío, si muero y tú no mueres,
No demos al dolor más territorio,
Amor mío, si mueres y no muero,
No hay extensión como la que vivimos.

Polvo en el trigo, arena en las arenas
El tiempo, el agua errante, el viento vago
Nos llevó como grano navegante.
Pudimos no encontrarnos en el tiempo.

Esta pradera en que nos encontramos,
¡Oh pequeño infinito devolvemos!
Pero este amor, amor, no ha terminado,

Y así como no tuvo nacimiento
No tiene muerte, es como un largo río,
Sólo cambia de tierras y de labios.

PABLO NERUDA

Superar el proceso de duelo conlleva un positivo cambio en nuestro esquema de valores. Crecemos como personas al ofrecérsenos un más amplio entendimiento del sentido de la vida. Nuestros valores y prioridades alcanzan un nuevo estadio más ajustado y enriquecedor. Mejora la percepción de las cosas que realmente son importantes para nosotros mientras otras que nos inquietaban se ven de manera más indulgente. Estos cambios nos harán sentirnos mejor con nosotros mismos, más maduros y en mayor armonía con nuestro entorno. Si no somos capaces de percibir la culminación de estas metas significara que no hemos superado el proceso de duelo.

La experiencia del duelo es tan personal que difícilmente encontraremos unas pautas precisas para culminarlo de forma óptima. Solo un aspecto es común al proceso de superación del duelo y es la necesidad de expresión de estas profundas emociones. Nuestra propia experiencia previa en situaciones de cambio, estrés o crisis personales nos darán una referencia de cómo seremos capaces de hacerlo. Solo nuestra personal vía de expresión de todos aquellos sentimientos, en ocasiones contrapuestos, en otras descorazonadores, darán cauce a su necesaria exteriorización.

Algunos verán facilitado el objetivo de expresar sus emociones con la ayuda y el apoyo de familiares y amigos, otros se sentirán mejor evitando el contacto con otras personas. Esto último no implica una incapacidad a la expresión de las emociones, es solo una manera diferente de hacerlo, más llevadera para ellos. En estos casos es conveniente la elaboración de un diario en el que volcar nuestras experiencias durante el proceso de duelo. Si nos acucian los reproches y las dudas por cuanto pudimos hacer y no hicimos por lo que dijimos o dejamos de decir a nuestro ser querido es el momento de escribirle ese poema o esa canción en la que expresaremos todo aquello que ahora nos urge. También podremos escribir cartas en las que mostremos cuanto les echamos de menos, como es nuestra vida sin ellos; aquellas cosas que no podremos volver a hacer pero también aquellas otras que deberemos hacer en su ausencia para adaptarnos a las nuevas circunstancias. No deberemos analizar nuestras notas, deben surgir espontáneamente porque son nuestros sentimientos los que están escribiendo. Todo esto que referimos ahora es muy importante porque estas expresiones nos ayudan a mitigar el dolor y a serenarlo. Pero si nos vemos incapacitados para expresar nuestras emociones o predomina en nosotros un sentimiento de culpa haremos el ejercicio de vínculo con nuestro ser querido de manera inversa, rememorando todas aquellas circunstancias en las que lo hicimos feliz, aquellas en las que le ayudamos y apoyamos, las cosas que hacíamos y que le gustaban, aquellas por las que nos apreciaba. Imaginaremos una carta escrita a través de sus ojos, nos ayudará recordar las cosas por las que fuimos queridos y por las que aún seguimos queriéndole.

Confeccionar un álbum de fotos especialmente íntimo con aquellos momentos felices que compartimos juntos acompañándolo de mensajes, anotando recuerdos y esas ocasiones especiales compartidas en la intimidad, anotando también las dedicatorias más sentidas que recibimos durante el velatorio y el funeral es un ejercicio que, aunque doloroso, nos ayuda a esa expresión de los sentimientos tan necesaria en el proceso de duelo.

Ya dijimos que, en aquellas circunstancias en las que no se dispone materialmente del cuerpo de nuestro ser querido y que por lo tanto no se realiza el acto del enterramiento o despedida, permanece en nosotros, por muy descabellada que sea, la esperanza y la negación del desenlace. Es este un poderoso mecanismo de defensa que enmascara la realidad y evita enfrentarnos a una situación que rehuimos con todo nuestro ser. En esta coyuntura utilizaremos fórmulas para validar la penosa realidad en forma de rituales o eventos simbólicos que favorezcan la despedida de nuestro ser querido y, de esta manera, podremos reconocer como realidad el hecho de la separación y comenzar de manera efectiva el proceso de duelo, pues como ya sabemos es el adiós el duro paso primigenio que nos conducirá a un estado en el que podamos decir de nuevo «hola».

En este ámbito, una manera distinta de empezar un periodo de duelo podría ser la organización de un homenaje. Imprimiremos, entonces, a la despedida un tono distendido con música y canciones evocadoras, con anécdotas y recuerdos agradables compartidos entre los participantes y la persona ausente y que fortalezcan el vínculo con ella entre las personas que le conocieron y apreciaron. Un acto así no tiene por qué implicar un menoscabo o banalización de nuestros sentimientos en absoluto.

Es muy posible que no nos acordemos, pero en alguna ocasión hemos visto artistas del espectáculo realizar funciones en homenaje de sus allegados perdidos consiguiendo en el ámbito de una actuación artística la culminación de un profundo sentimiento de dolor y al tiempo de ofrenda consiguiendo con ello a nivel personal esa necesaria expresión de sus emociones y dando inicio formal a la despedida.

En cuanto al tiempo que se hace necesario para transitar por las fases que nos llevaran a asumir de manera plena el proceso de duelo es, al igual que la manera de afrontarlo, muy variable. En términos generales se considera necesario un periodo que oscila entre los tres meses y los dos años —insistimos en el aspecto general—. Los primeros días y semanas ya señalamos que son de profunda emotividad, acompañada en ocasiones de padecimientos de carácter físico y de una hondura y desconsuelo tales que difícilmente podría extenderse mas allá de esos «pocos días» o semanas, pues de lo contrario seria insoportable para cualquiera.

Aunque ya señalamos que la llegada de fechas especialmente emotivas: ciertos aniversarios, el primer verano o la primera navidad, por ejemplo, son susceptibles de regenerar tales estados de ánimo. En especial el primer aniversario que actúa de hito en la consecución de un significativo ciclo anual.

En la duración del proceso de duelo tendrá también la mayor importancia aquellas circunstancias a las que nos referíamos con anterioridad y entre las que podemos citar la edad del fallecido, las circunstancias de la muerte y naturalmente el grado de apego que nos unía a esta persona.

Es lógico que en las primeras etapas el recuerdo el ausente ocupe buena parte de nuestros pensamientos, pero no es bueno que esa presencia invada por completo todo nuestro tiempo. Es por ello que un siguiente paso en la consecución del periodo del duelo sea el ocupar nuestro tiempo retomando la actividad.

El tremendo esfuerzo anímico padecido en los primeros momentos, la agotadora batalla de fuertes sentimientos —a menudo contrapuestos— que se libra en nuestro ánimo nos llevaran los primeros días a un estado de extenuación física y mental. Todo ello estará aderezado, además, con la dificultad de reanudar aquellas actividades que al habernos acostumbrado a realizarlas en común han perdido su sentido, al no poderlas compartir. Pasados estos momentos de insuperable abatimiento, deberemos esforzarnos en revitalizar nuestras actividades, que en muchos casos deberán ser nuevas, adaptadas a la nueva situación vital. Deberemos poblar, ahora, el nuevo espacio de vida en el que hemos quedado sumidos en contraposición a ese otro espacio en el que a partir de este momento deberemos dejar poblar a aquellos que se fueron. Se trata de la actividad considerada como antídoto a la tristeza y la depresión.

Sin duda, encontraremos dificultad tanto por el escaso ánimo de que disponemos como por la atonía física al no encontrar alicientes a estas nuevas actividades. Precisamente, el ejercicio físico o la práctica de algún deporte puede ser un buen comienzo para vencer esta dificultad: largos paseos, visitas a museos o monumentos también ayudan a recuperar el tono físico buscado.

Ya comentamos que la falta de concentración es un síntoma común en las primeras fases del duelo y es por ello que, a menudo, actividades intelectuales tales como leer un libro, ver una película o la televisión e incluso asistir a reuniones con personas conocidas tiene poco provecho en esa meta que nos proponemos de retomar un talante vital activo. Para combatir este déficit de atención se puede recurrir a un simple ejercicio que consiste hacer resúmenes sobre aquellas cosas que leemos, oímos en la radio, vemos en una película o la televisión. Incluso podemos emplear el recurso de tomar notas de las conversaciones que mantenemos con las personas de nuestro entorno. Hacer resúmenes y anotarlos ayudan a combatir el déficit de atención al tiempo que favorecen el objetivo de mantener actitudes activas.

A menudo la desaparición de aquellas rutinas que estábamos acostumbrados a compartir nos arrastran a una relajación en las tareas que habitualmente ocupaban nuestro tiempo, por ello también ayuda a retomar aquellas rutinas la confección de un horario al que nos obligaremos. En este programa de actividades tendrán especial relevancia las comidas, el mantenimiento de la casa, los días de compra de alimentos y suministros, el aseo… En este sentido resulta crucial mantener una buena imagen de nosotros mismos; hemos de ser capaces de mirarnos al espejo sin menoscabo alguno. Reconocernos tal como éramos antes de la perdida.

Aunque sigamos teniendo la presencia de nuestro ser querido constantemente ante nosotros, deberemos concienciarnos de que hay necesidades que él ya no tiene pero que nosotros sí, y de que la realización de las actividades tendentes a satisfacer tales necesidades no supone quebranto de los sentimientos que nos unían. Muy al contrario significan que vamos tomando conciencia de que no podemos compartir el mismo ámbito en el espacio de vida pero va a continuar existiendo una relación que vamos a fomentar aunque mediante un nexo distinto, ocupando cada uno el espacio que nos corresponde y del que no podemos desligarnos.

Una vez retomadas las actividades cotidianas de nuestra nueva vida, es un buen momento de plantearnos la realización de un viaje o alguna visita turística acompañados de familiares o amigos mejor que en solitario. El simple hecho de planearlo, el tiempo empleado en preparar el viaje, la búsqueda de los alojamientos e itinerarios, es ya un positivo paso a la hora de incentivar esas actividades en las que nos debemos involucrar cada vez más en el espacio de vida.

Es importante, eso sí, que el lugar que elijamos no tenga una especial vinculación con la persona perdida, no siendo conveniente en esta fase del duelo atraer de forma específica entornos en los que la felicidad que compartíamos nunca más va a volver a concretarse. Ya lo dijimos: «Es bueno rememorar momentos felices, pero volver a aquellos lugares donde tuvieron lugar, sobre todo en estos primeros momentos, genera frustración y dificulta la meta propuesta de independizar el ámbito de la vida de aquel otro en el que residirá nuestra futura relación con la persona amada».

Procuraremos que nuestros viajes sean a lugares con muchos y variados puntos de interés, que nos obliguen, por tanto, a planificar una apretada agenda de visitas a monumentos, museos, exposiciones o espectáculos.

Cuando hemos sido capaces de superar aquellos días en los que el dolor y la pérdida nos impedían tomar siquiera contacto con los más simples cometidos de la vida, nuestro dolor, aunque profundamente arraigado en nuestro ánimo, se ha hecho mas sereno y nos permite retomar, aun con esfuerzo, aquellas cosas que nos definen en el espacio de la vida cotidiana. Es el momento de retomar actividades que nos sean más gratas. Ya no leeremos o veremos la televisión por simple evasión y desde ahora nos esforzaremos en seleccionar aquellos entretenimientos que nos habían sido gratos en el pasado, retornar a aquellas aficiones que mejoraban la calidad de nuestra vida y nos procuraban sosiego y, por tanto, felicidad.

Es el momento de retornar a una cierta vida social, no ya desde la búsqueda del consuelo o el amparo sino integrados en nuestro entorno más íntimo. Tal como lo estábamos antes, por los mismos motivos por los que antes nos apreciaban y gustaban de nuestra compañía.

Es difícil, sobre todo al principio, constatar que otras personas a nuestro alrededor, posiblemente porque sus lazos afectivos eran menos poderosos que los nuestros, son

capaces de superar con mayor facilidad y rapidez el proceso de duelo. Es importante, en la medida de lo posible, no traslucir de continuo sentimientos de dolor, no solo por ser contraproducente en la evolución de nuestro duelo sino también porque nos impedirá retomar con cierta naturalidad la importante relación con el resto de nuestro entorno.

No es extraño que algunas personas consideren una falta de respeto participar en actos «mundanos» durante el periodo de duelo. Deberemos huir de estos argumentos siendo conscientes de que estamos tratando de superar un proceso de duelo precisamente para alcanzar una estabilidad emocional capaz de permitirnos seguir manteniendo una relación serena y fructífera con las personas que ya no nos acompañan. Alargar innecesariamente el proceso como consecuencia de una equivocada percepción de ciertos convencionalismos sociales solo consigue que los sentimientos de pena, ira o culpa sigan habitando en nuestro interior, afectando no solo a nosotros mismos sino también a las personas que nos rodean y, en definitiva, envenenando el fin ultimo de este proceso, que no es otro que el de convivir en una relación entrañable con los seres queridos que nos han dejado.

Es evidente que la nueva situación va a traer ineludiblemente cambios en nuestra vida y ya hemos dicho que deberemos esforzarnos en adaptarnos a ellos y hemos visto algunas técnicas que nos ayudaran a este propósito. Sin embargo deberemos evitar tomar decisiones que impliquen cambios demasiado trascendentales; un cambio de residencia o de trabajo, transacciones comerciales que no sean estrictamente necesarias u otras de este estilo pueden resultar, en estos momentos, contraproducentes. Porque se trata de momentos en los que nos hallaremos faltos de la necesaria energía para acometer tales cambios, momentos en los que nuestras decisiones se encuentran tremendamente condicionadas por la tensión de nuestros sentimientos así como por la disminución de la atención y la memoria. Provocar cambios importantes en nuestra vida durante las etapas críticas del proceso de duelo puede ser, como decimos, contraproducente para su culminación perfecta.

Las personas creyentes sufren, en ocasiones, una crisis de fe más o menos importante enfrentada a la dura prueba de aceptar como voluntad de Dios la desgracia que les aqueja. La creencia en una noción transcendental de la vida ayuda a alcanzar la necesaria aceptación de la pérdida de un ser querido. Por este motivo no es positivo replantearse en estos momentos nuestras creencias. Muy al contrario, un creyente debe perseverar en el rezo y la asistencia a ceremonias religiosas que tendrán una influencia positiva en el desarrollo de la secuencia del duelo en su plenitud.

No es recomendable, por el contrario, la creación en nuestra casa de espacios enteramente dedicados a la memoria del fallecido a modo de santuarios o «altarcillos», debiendo ser nuestra el hogar un espacio de vida reservado a la actividad de los que quedamos, aunque seamos nosotros solos. Conservar las habitaciones tal como las dejaron, los armarios con sus ropas o conservar enseres de uso cotidiano como artículos de aseo representan en realidad un mecanismo para negar el hecho de la muerte, impiden la despedida y por tanto bloquean el proceso del duelo porque nos dificulta la creación de ese otro espacio inmaterial en el que vamos a generar los nexos que deseamos seguir manteniendo para siempre y que resultan cruciales para el natural afrontamiento de los hechos relacionados con esta separación forzada.

Podemos tener, claro que sí, fotos con recuerdos agradables y en fechas señaladas encenderemos velas a modo de ofrenda, tendremos a nuestro lado los poemas y cartas que le escribimos y conservaremos como tesoros sus pertenencias mas íntimas y apreciadas, pero solo para rodearnos de ellas cuando, una vez superadas las primeras fases el duelo, le rindamos nuestro pequeño homenaje en la intimidad o rodeados de las personas que le quisieron en aquellos momentos en los que deseemos reforzar aquel vínculo sereno y emotivo del que no nos desprenderemos nunca.

Pero atención porque en un extremo opuesto se encontrarían aquellas personas que se deshacen rápidamente de todos los objetos personales y tratan de borrar cualquier huella de su paso por los espacios que compartieron. De modo distinto, también resulta este comportamiento un mecanismo de negación de lo sucedido; tratar, por medio de la ocultación, de evitar enfrentarse a la despedida.

En ambos casos el crisol de sentimientos —tristeza, culpa, ira…— se enmascaran y eso les lleva a sentir la falsa sensación de que no les afectan tanto. El problema surge con el tiempo en una recurrente caída en estados de depresión, motivados por no haber empezado apropiadamente el proceso con el acto de la despedida. Una y otra vez se generarán, en los dolientes que actúan de esta manera, los sentimientos dolorosos y confusos de las primeras etapas del duelo, no siendo capaces de evolucionar hacia estado mas profundo y sereno de la aceptación.

Otras formas de enmascaramiento o negación de la realidad resulta de recurrir al alcohol u otras drogas y medicamentos. No es necesario advertir que ello solo retrasa el comienzo del duelo, posponiéndolo al necesario tratamiento de la adicción que se ha generado en mayor o menor medida.

Por ello, para iniciar convenientemente el proceso de duelo deberemos desprendernos de los objetos personales que no queramos conservar por su especial significación, repartiendo el resto entre aquellos allegados para los que supongan también un grato recuerdo. Nos desharemos de las pertenencias de uso común, si nos resulta difícil, recabaremos la ayuda de familiares y amigos. Conviene advertir que es necesario hacerlo con cierta premura para que el proceso no se alargue dolorosamente en el tiempo dado que aumentaría su dificultad innecesariamente. Aquellos objetos que hemos decidido conservar no deben permanecer expuestos. Lo que haremos será buscar un buen lugar donde atesorarlos pero no ocuparan el espacio de vida que ha quedado reservado a los que continuamos en la casa.

Es importante tener presente que los objetos personales no serán los que nos devolverán junto a nuestro ser querido ni lo harán permanecer de alguna forma junto a nosotros. Podremos usar alguna prenda suya pero solo es eso, una prenda. Usar sus cosas no nos va a acercar a la persona perdida porque el nexo que buscamos es mas profundo y llevara su tiempo llegar a conseguirlo.

En cierto modo, convivir compulsivamente con los recuerdos de nuestros seres queridos comporta abstraerse al pasado y tratar de evadirnos de un presente doloroso tratando de habitar un tiempo en el que aun no acontecieron tan duras experiencias. Como hemos repetido numerosas veces, es la función del duelo adaptar nuestro ánimo a las nuevas circunstancias, debiendo predominar en nosotros un empeño de futuro. La energía que paulatinamente vamos recuperando tras los primeros momentos debe emplearse en un ejercicio de adaptación a la nueva situación y en ir acometiendo, poco a poco, la concepción de ese espacio en el que residirá nuestra verdadera relación con el ser amado.

Revivir constantemente el pasado a través de las cosas que una vez pertenecieron al difunto consumirá la escasa energía que tanto nos cuesta recuperar y que deberemos reservar al ejercicio de adaptación a las nuevas circunstancias.

Es muy difícil que las manidas formulas usadas convencionalmente para ofrecer consuelo en las ceremonias que rodean los actos de despedida puedan resultarnos útiles.

Frases tales como «El tiempo lo cura todo», «al fin descansa en paz» o «A todos nos llega, así es la vida», aun dichas con la mejor intención, poco podrán hacer para ayudar a alguien en la dura pendiente que se abre a su paso.

No debemos sentirnos obligados a acompasar nuestra personal experiencia del duelo a la que hayan tenido otras personas, como tampoco debemos someternos a la obligación de compartir convencionalismos y tradiciones, a menudo de carácter cultural y familiar, que no se adapten a nuestra personal manera de sentir la experiencia del duelo.

La forma de expresar nuestros sentimientos o el tiempo que dediquemos a superar las distintas fases del duelo solo estarán orientados por nuestra personal vivencia del proceso. Hemos visto algunos aspectos en los que deberemos profundizar y otros que deberemos evitar a toda costa y hemos aprendido a reconocer algunos de los sentimientos, en ocasiones confusos, que nos van a acompañar a lo largo del tiempo, pero solo nosotros mismos seremos capaces de encontrar la manera más positiva de expresarlos y solo nosotros mismos seremos capaces de acompasar el recorrido hacia la aceptación a nuestro propio paso.

Las heridas emocionales, al igual que las físicas, tienen que cicatrizar y ello lleva su tiempo. La paciencia en todo este proceso será nuestra forzosa aliada. El duelo se retrasa cuando las respuestas emocionales no fueron suficientes en su momento consiguiendo que las se desencadenen crisis con posterioridad ante cualquier circunstancia que nos recuerde al fallecido.

Ya señalamos que la duración del duelo se circunscribe a un periodo que va de los tres meses a uno o dos años y que tras este periodo o también durante las últimas fases del proceso solo se agravarán los síntomas en fechas muy determinadas, en especial las que se conmemoren durante el primer año. Si el duelo se prolonga indefinidamente en el tiempo, con recaídas constantes o periódicas en procesos como los descritos para los primeros momentos del duelo, puede decirse que nos hallamos ante a un duelo complejo. Las manifestaciones físicas, conductuales y cognitivas se reproducen con la misma intensidad que al principio, la opresión en el pecho, el abandono de actividades comunes y cotidianas, la perdida de concentración son solo ejemplos de una sintomatología más amplia y que engloba manifestaciones de dolor incontrolable, pensamientos intrusivos, inaceptación de la realidad, sentimientos de enfado hacia el fallecido o sentimientos de culpa derivados de intentar retomar la vida social, también puede expresarse como una negación de la realidad la huida de cualquier cosa que nos recuerde al difunto.

El duelo es exagerado donde los síntomas se muestran con una intensidad excesiva e impactante o enmascarado cuando la persona no relaciona los síntomas que padece con la pérdida del ser querido. La persona que reacciona de esta manera está demostrando que sus mecanismos naturales de afrontamiento han fracasado o ni siquiera funcionan ya. En tales casos lo mejor es recurrir a ayuda especializada, de modo que se activen, de la manera más natural posible y bajo la debida supervisión, estos mecanismos decisivos para devolver el sosiego a su vida y permitirle seguir buscando la ansiada paz y la felicidad consecuente.

Historias del duelo

A través de las siguientes líneas voy a ir relatando diferentes situaciones de afrontamiento por las que han pasado personas reales. Se trata de solo algunos de los innumerables casos que han pasado por mi consulta especializada en el duelo, cuyos protagonistas han sido debidamente protegidos con un cambio en identidad en la narración. Estos casos que ahora se describen me van a servir para ilustrar, aún más, el contenido de esta obra destinada a devolver la tranquilidad y la sensación de paz de aquellas personas —todos en alguna ocasión— que sufrimos la pérdida de un ser querido. Estoy segura de que le ayudarán.

¿Dónde está mi bebé?

Había sido un puente estupendo y habíamos ido los tres —mi marido, mi hijo Daniel y yo— a la playa. Habíamos disfrutado del calor del sol, del fresco de la brisa y del murmullo de las olas. Yo le hablo a mi niño y le pongo música para que se relaje. No os he dicho que Daniel va conmigo, dentro de mí y que ya solo queda un mes para vernos, pero ya me conoce y a su padre también. Él le habla a través de la tensa piel de mi barriga. Le dice que lo quiere mucho y que le estamos esperando ansiosos, que le esperan también su cunita y el bonito papel pintado de su habitación. Yo le conozco bien y ya sé que le gusta el genial Mozart, como a mí.

El domingo ya tarde, cansados pero felices, nos metimos en la cama y como siempre Daniel comenzó a moverse aunque un poco apretado ya. Amanecía cuando me levanté sobresaltada; no notaba a Daniel y en la cama nunca paraba: «¿le estará pasando algo? Pero si el jueves me dijo el médico que todo estaba bien», me dije. Notas una alarma que suena en algún lugar recóndito en tu interior. Una sensación como de hormigas apremiantes me tensó los músculos y eriza la piel del cuello. Desperté a mi marido «¡A Daniel le pasa algo!», le dije muy inquieta. Corrimos al hospital.

Me reconoció un médico y luego otro. Un reloj en la blanca pared marcaba los segundos con desesperante lentitud y en mí crecía imparable la urgencia: «¡mi hijo me necesita, hagan algo!», pensaba, pero solo me contestaba el agorero silencio de la consulta. Entró al fin el médico y sentenció: «Tu bebé no respira, no hay latido».

El reloj de la pared se paró para mí en aquel instante. Pude escuchar el crujido al agrietarse una parte de mí que no podía siquiera concebir el significado de esas palabras. ¡No puede ser. Si había estado con él hacía unas horas!, lo había notado estremecerse excitado en su primer contacto con el agua del mar y luego relajarse sobre la toalla al murmullo de las olas. No es posible, no lo es».

«¡No es posible! Si ya lo teníamos todo preparado. Era solo un mes y tenemos tu cuna, tu bañerita y todos esos planes. Teníamos concertada tu guardería y después el cole cerca de casa. Queríamos ver tu carita y tus ojitos, jugábamos a adivinar como serias… ¿Será tranquilo?, ¿llorará mucho?.. Estábamos deseando compartir la vida los tres juntos, y en un solo segundo no respiras».

Pronto apareció el reproche: «¡Dios mío!, ¿pero qué he hecho mal? ¡Me he cuidado como nunca!, ¡todo había ido bien hasta ahora! ¿Qué ha podido fallar?». Pero aún no sabía que lo peor estaba por venir. Debía prepararme para el parto, iban a separarme de mi niño para siempre. «¿Qué clase de parto es ese que en vez de alumbrar a la vida da paso a la muerte?, pensé llena de angustia. Pero yo deseaba ver al hijo que había crecido en mí y se llamaba Daniel. Debía prepararme decían, pero yo no podía dejar de llorar.

Le pusieron un gorrito verde y le abrigaron con una mantita blanca. Nos dejaron una hora con él, los tres juntos: papá, mamá y Daniel. Nunca he sentido tanto amor. Allí estábamos los tres, tan abrazados... Le acariciábamos su boquita, sus pequeños ojos cerrados ¡Era un niño guapísimo! No hacía falta que llorara o riese. No necesitábamos su mirada para saber que estaba con nosotros. En esos momentos todo lo ocurrido quedaba muy lejano, tras la puerta. Yo notaba la habitación cargada de vida, de emoción, su padre lo abrazaba y lo miraba con infinita ternura mientras rodaban lentas las lágrimas por sus mejillas. Estábamos con Daniel. Tantos planes soñados para este momento y ya estábamos los tres juntos. Quería presentarlo al mundo, quería que todos pudieran ver lo precioso que era mi niño, quería que toda la familia disfrutara como nosotros con Daniel.

Uno a uno fueron tomándole en brazos, le acariciaban y se despedían de él, pero su padre y yo... ¿cómo íbamos a decirle adiós? ¡Si solo lo acabábamos de conocer! Supe entonces que se puede sentir un inmenso amor y un dolor demoledor al mismo tiempo. Cuando quedamos solos de nuevo pensé que podría aislarme con mi niño. Me imaginaba que podríamos permanecer juntos para siempre en nuestra burbuja. Yo sería feliz y veríamos el mundo desde arriba.

Pero se lo llevaron. ¿Dónde lo llevaban? ¿Qué sería de mi niño? No podía concebir que jamás volviera a verlo y ahora sí me sentía morir de verdad. Me tocaba el vientre y no podía creer que hacia dos horas mi niño estaba ahí, que yo lo protegía. «Y ahora... ¿Quién se ocupara de él?», deliraba. Al final, yo solo lloraba y lloraba y todos me acompañaban, pero ¿quién acompañaba a Daniel?

Una luz inclemente daba un aspecto hostil a la calle cuando abandoné el hospital. Dejaba a mi niño atrás, quedaba solo en aquel enorme edificio y ese pensamiento se me hacía insoportable.

Me sentía vacía y casi no podía respirar, sentía rebosar en mí el dolor y la rabia de dejar a mi niño solo. Cuando llegué a casa fui corriendo a su habitación como si aún lo llevara conmigo, en mis brazos. Quería enseñársela, pero mis brazos estaban vacíos. Entonces caí rota al suelo, en un llanto incontenible. Y lloré y lloré sin pausa durante horas, días y semanas. El mundo para mí había perdido todo sentido que no fuera el reencuentro con mi niño hasta el punto en que por las mañanas pedía a mi marido por favor que fuera a buscar a Daniel, que estaba solo en el hospital. No sabía exactamente donde, pero en algún sitio y solo estaría. Tenía que volver a casa, a la fantástica habitación que le esperaba, con su patito de peluche comprado durante aquel viaje y los ositos del papel pintado jugando sin parar en la pared.

No me podía mirar al espejo ni podía ver el vacío que había dejado mi tripa, justo el espacio que ocupó Daniel: «¿Quieren decirme dónde está mi bebé?».

Continuaban los reproches que me hacían sentir mala madre y mala persona. La ira se había convertido en la expresión mediante la que me rebelaba contra la vida que me había arrebatado lo que mas quería. Odiaba la vida y, en mi combate con el mundo, lo único que deseaba era morir, deseaba acompañar a mi bebé; se lo debía.

Las horas y los días transcurrían en la penumbra de la habitación de Daniel, abrazada a sus cosas y llorando sin consuelo. Solo una pregunta calaba cada uno de los rincones de aquella habitación repetidamente: «¿Dónde está mi bebé?», «¿Dónde está mi bebé?». Rogaba a cada minuto que volviera conmigo, no podía pensar en otra cosa y el resto del mundo, simplemente, desapareció ante mí.

Luego vinieron los reproches a mi marido: «¿Cómo es posible que sigas la vida como si nada? ¡No tienes entrañas¡», y a la familia no podía verla. Todo aparentaba que no le incumbía mi niño amado, que se habían olvidado de Daniel.

Y llegó el día en el que habría nacido Daniel y yo esperaba impaciente su autopsia como si fuera el vínculo que me devolviera a mi hijo. Luego noté que los días se acortaban, me sorprendió cómo las hojas de los árboles salían volando por los primeros vientos del otoño e incompresiblemente para mí la vida continuaba como si nada y a mí me había abandonado a la orilla. Mi vida se había parado en una blanca habitación de hospital.

No había consuelo para mí en las palabras cariñosas que mi familia me prodigaba. Poco a poco estas palabras se fueron tornando en muestras de preocupación y dolor para todos aquellos que me rodeaban hasta que fui consciente de que hacía daño, que no solo era una madre que había perdido su hijo, que era una hija a su vez y también una esposa, una hermana y una amiga, que otras personas me necesitaban. Consentí, finalmente, que buscaran ayuda para poder superar aquello que me impedía vivir y escuché por primera vez hablar del acto de la despedida. Entonces comprendí que había construido una burbuja para Daniel y para mí desde la que pretendía ver el mundo desde arriba. Eso me animó y me ayudó a despertar del letargo doloroso en que me hallaba sumida hasta el momento mismo en que pude ver a mi hijo muerto en mis brazos.

Me hicieron ver que en esa burbuja el tiempo se paraba, que vivía en el pasado y eso me impedía volver a relacionarme con la gente que me quería, que para romper a caminar de nuevo debería despedirme de Daniel definitivamente porque aún no lo había hecho.

Nos reunimos varias familias de un grupo de apoyo que también habían perdido bebes muy pequeños. Era un día de invierno y llovía débilmente. No podía evitar el temer que ese acto marcara la separación definitiva de Daniel, que significara romper lazos y apartarlo en cierto modo de mi recuerdo, que cambiarían mis sentimientos hacia él. Lo temía como a nada sobre el mundo.

La ceremonia es muy sencilla y consiste en lanzar al cielo unos globos blancos que representan a cada uno de los niños perdidos. Rotulamos amorosamente sus nombres y les colocamos pequeños mensajes íntimos que deseamos compartir con nuestros ellos. En el momento de soltar los globos se abrió un hueco entre las nubes por el que se deslizaron los rayos del sol figurándosenos que el cielo se abría para recibir a nuestros pequeños. Desde entonces, siempre que veo un rayo de sol abriéndose paso entre las nubes pienso en Daniel y todavía con dolor, pero sobre todo con una inmensa ternura, le hablo del deseo de reunirnos algún con él un día…

Este fue el mensaje que envié a mi niño:

«Hijo mío, gracias por haber llegado a nuestra vida llenándola de felicidad, ha sido lo mas bonito que nos ha pasado a tu papa y a mí. Toda la familia te echamos mucho de menos, pero allí donde estés sé feliz. Desde aquí siempre te vamos a querer y esperamos el momento de volver a encontrarnos porque llegaremos a estar junto a ti».

Mi pequeño, danos fuerza para continuar el camino, iluminarnos con tu luz. Recuerda mi amor, que siempre miraremos al cielo por ti y que, de alguna manera, seguiremos juntos. Te queremos. Por siempre: papá, mamá y Daniel.”

Poco a poco se iban operando cambios sutiles en mi comportamiento. Ya no me miraba la tripa ni me preguntaba dónde estaba Daniel. Llegó por fin la autopsia donde ni siquiera lo citaban por su nombre. ¡Ni siquiera lo llamaban bebe! Era un simple certificado que significó para mí una desvinculación más de los lazos que me aferraban al pasado. Retiramos la cuna de su habitación (era imposible acercarse a ella y evitar asomarse y encontrarla vacía) y ahora utilizo la habitación para otras funciones como planchar, por ejemplo. Sigo pensando en él, por supuesto, y siento que el dolor no me abandona del todo pero ya puedo mirar a mi alrededor sin notar la sensación física de la ausencia Ya sé que este cuarto nunca será el de Daniel pero el papel pintado lo hemos dejado —aunque sé que no es bueno para mí— pero no me he atrevido todavía con ello. También sé que tengo un largo camino por delante porque que el dolor me acompaña a todas horas, pero me siento mucho, mucho mejor que hace unos meses.

Sé que hay una fase final de aceptación y tengo miedo de lo que implica esa palabra porque se me figura como una despedida definitiva. Tengo la sensación de que voy a perder ese vínculo que, aunque doloroso, me hace sentirme unida a mi hijo. Y no quiero desprenderme de él. Reconozco que no he superado el proceso de duelo, pero estoy contenta conmigo por lo que he progresado y eso me basta.

Hay un recuerdo de Daniel que siempre me acompañará. Lo recuerdo en la camilla amorosamente abrazado a mi pecho. También recuerdo las fotos de niños recién nacidos que adornaban las paredes y el intenso amor que compartí con mi bebe. Aquel instante fue solo mío y de mi niño; aquel momento fue nuestro y jamás lo olvidaré.

Esperando una señal

Cada mañana amanecía,
y aprendió a recibir a las mañanas
como recibe la flor escarcha fría
cobijando el sufrimiento en su mirada.

ÁNGEL NEREIDA

«Querido papá:

Hace tiempo que quería sentarme a escribir, pero es tan difícil expresar lo que siento que no creo que pueda describirlo con palabras. Lo intentaré. Escribo para mí y no quisiera que nadie leyera mis palabras y al mismo tiempo no encuentro un lugar donde pudiera ocultarlas. Bueno, es igual.

No sé explicarte lo que siento, tal vez porque no siento nada. Tranquila y quizá egoísta me alivia inmensamente no verte sufrir más y debo decírtelo ahora. Estas últimas semanas en el hospital te fuiste poco a poco apagando, ausentándote, cada día anunciaba tu partida y vivir tu agonía era morir cada día junto a ti.

Camino escondida, huyendo de las calles principales para no encontrarme con nadie en mi trayecto hacia ninguna parte. Un día tomando un café me sorprendí mirando extrañada a mi alrededor y pensando «¿qué sentido tiene esto si todos los que estamos aquí sentados vamos a morir?». La vida ha perdido estos días colores, sonidos, formas… diluidas en un mundo al que no encuentro ningún sentido.

Ha pasado una semana desde que te fuiste y no paro de pensar en ti un solo minuto. ¡Que sola me encuentro¡ ¡Qué desvalida¡ Me recuerdo ahora a salvo entre tus brazos mientras apaciguabas a mama o a los hermanos después de alguna de mis trastadas: «¡No os metáis con la niña que es chiquita!», decías. Nada podía afectarme, porque estabas tú para proteger a tu niña pequeña.

¡Y qué culpable me siento por no haberte hecho más caso este 24 de diciembre! Recordaba aquellas otras veces en las que habías ido al hospital. Con qué optimismo ingresabas, comíamos todos juntos en aquel restaurante cercano y nos contagiabas tu certeza de que saldrías mucho mejor para volver con nosotros, renovado. «Estoy deseando entrar para salir como nuevo», decías. ¡Y yo te creía a pies juntillas! Tu confianza se esparcía sobre la mesa y germinaba en esa sensación de seguridad que yo solo era capaz de sentir a tu lado.

No supimos notar que tus quejas de esta nochebuena no eran los achaques de siempre. Sabias que esta vez se trataba de algo distinto y no sabías como explicarlo; algo mucho peor. Ahora pienso que quizá todo este tiempo estuviste quitando importancia a aquello que además tratabas de ocultarte a ti mismo y esa falsa confianza hizo que no insistieras en que te prestáramos mayor atención. Todos al cobijo de tu casa… mamá y tú, los cinco hermanos y nuestras familias. No deseabas ensombrecer el día en que al fin nos reuníamos todos con vosotros en nuestro pueblo, después de llegar desde las ciudades donde trabajábamos.

Esperamos al día siguiente para llevarte al hospital y no puedo evitar culparme de haberte fallado, de no haberte conocido lo suficiente. Aunque esperaban largas semanas de lucha por la vida, qué rápido te fuiste de nuestro lado. Debí haberte hecho mas caso y lo siento profundamente.

¡Te echo tanto de menos papá!

Te quiero…»

*

«Querido papá:

Siento un dolor inmenso en mi corazón, una angustia que me oprime el alma como nunca antes lo había hecho. Encuentro mi vida marcada por la tristeza y una máscara mentirosa de bienestar me cubre la cara para evitar aquellas preguntas tan molestas e inquisidoras. Hay muchos momentos en el día que no soporto a la gente. No quiero ver a nadie y me veo obligada a convivir, sin otras opciones, en un mundo familiar que detesto, en un mundo de semejantes que me parecen muy distintos a mí

Sé que soy yo la equivocada, la intolerante, la que debe amoldarse para existir, pero ¿Cómo hacerlo?, ¿Cómo escapar de mi misma?, ¿Cómo huir de mis tormentos internos, de esa presión intensa que tengo dentro?, ¿Que pugna por salir y no encuentra más consuelo que en la enfermedad?, ¿Cómo no evitar que revienten todos mis órganos, si no tengo escape para mi dolor, si debo fingir para no sentirme más atormentada? Busco respuestas y quizás me castigo pensando que vivo en el acomodo de la queja».

*

«Querido papá:

Sigo mi camino, observando las horas en aquel reloj del que no te desprendías nunca. Cada vez que acecha el dolor, miro los segundos, los minutos, las horas y me reconforta pensar que fue la misma secuencia que te informaba del paso del tiempo a ti también. Su destello negro concede la misma tonalidad a mi luto más severo. Lo observo y me fijo a continuación en la ausencia de colores que rodea mi cuerpo y solo percibo un único color; el negro. Negro intenso y brillante. Mi armario ha quedado vedado a cualquier otro tono cromático, retrocediendo los estampados tímidamente hasta cercarse al negro más oscuro. Necesito no olvidarme de ti y el luto me ayuda. Me refugio en la oscuridad, en ese lado en el que el recuerdo me anestesia.

Buenas noches papa.»

*

«Querido papá:

Dame una señal, envíame cualquier mensaje y dime que estas bien, por favor. El espejo de mi baño esta inutilizado por las numerosas letras que lo ocupan escritas con pintalabios. Te escribo: «Mándame una señal» cada vez que mis pasos se acercan a él y con ellos la esperanza de que así sea… Pero no hay respuesta, ¿No puedes? Espero tus palabras con impaciencia y no lo borraré hasta que las consiga.

Por favor, mándame una señal.»

«Querido papá:

Puede que la manera que he buscado para que te comuniques no sea tan elocuente como había pensado pero mi impaciencia por llegar a casa y abrir la puerta del baño persiste y me niego a borrar nada de allí y a compartirlo con los demás. Ellos no saben de la existencia de mi anhelado y desesperado encuentro. Nadie lo ha visto, tan solo mi marido. Él si entiende mi espera aunque evita ese espacio. No sé cuanto tiempo debería pasar para recibir un «estoy bien».

Echo de menos tus consejos, echo de menos la energía que me dabas.

«Querido papá:

La primavera ha entrado en la ciudad implacable y luminosa. He buscado entre los pañuelos olvidados que había retirado al fondo del armario y he recuperado algunos de ellos que le ha dado un toque de color a mi luto. El gesto es pequeño, casi inapreciable pero es que me siento algo culpable y tengo miedo a olvidarme del significado de tu ausencia. Te sigo echando de menos pero la vida sigue para mí. Sí papá, ¡estoy embarazada!, La alegría me invade, pero también la tristeza de que una de tus mayores ilusiones, ver a los hijos de tu niña chiquita, no se cumplan. ¡Tu niña pequeña está embarazada!

Te quiero.»

*

«Querido papá:

Siento que estas a mi lado compartiendo el embarazo. Cada vez que voy a una prueba me siento arropada por ti y me da fuerzas. Lo siento porque la palabra hospital a cambiado de dirección, de significado. La fuerza de la vida ha anulado la angustia que sentía y sé que en mi hijo veré parte de ti. ¿Qué te parece si le llamo igual que tú?. Dame fuerza.»

*

«Querido papá:

Los meses que han pasado desde tu partida me obligan a avanzar sin esa señal tan concreta que te pedí. Ahora las señales se presentan de muchas maneras, con muchas tonalidades, que ahora también forman parte de mi vestuario y desde el embarazo he descubierto que el tipo de señal que te pedía tan insistentemente no era posible, anclados el emisor y el receptor en espacios tan contrarios y distintos. Una sola señal es la que esperaba dando de lado la inmensidad de señales que me perdía. He borrado esas palabras de mi espejo, las palabras que limitaban la infinidad de mis sentimientos.

Hasta siempre papá.»

Miedo a la enfermedad

Han pasado cuatro años desde que mi padre nos dejó y, sin llegar a asimilarlo, dos años después mi madre se marchó por la misma enfermedad. Enfermedad, enfermo, dolor, sufrimiento… son palabras que se han clavado en mi mente y pienso que no he superado ninguna de las dos perdidas. Recuerdo el sufrimiento de mis padres como si todavía lo estuvieran sintiendo y no he podido desprenderme de todo aquello. Lo peor es que siento que en cualquier momento me puede pasar a mí. Que en cualquier momento seré yo la que sufra, la que esté enferma… ¿Seré yo la que muera? Sé que negué la muerte de mi madre y la sigo negando. No podía dejarme, no podía ser huérfana. Me había quedado sin protección ni seguridad paterna, sin seguridad materna; estaba sola. ¿Quién me iba a cuidar?, ¿A quién iba a cuidar yo? Me sentía vacía y la angustia me invadía como me invade ahora. «¿Y si me pasa algo y mis padres no están aquí?». Al principio me parecía normal sentirme así. Imagino que era parte del proceso del duelo sentir ira, tristeza, ansiedad, que me faltara la respiración y me ahogara cada vez que pensaba en mis padres. Porque pensaba en ellos a la vez y no solo aparecía en mi mente el cuerpo de mi madre, también el de mi padre, como si hubiera pasado al mismo tiempo. Hacía el duelo de mi padre por segunda vez al mismo tiempo que hacía el duelo de mi madre, o realmente había hecho el duelo de mi padre y después el de mi madre o ninguno de ellos. Todavía no lo sé.

Cuando murió mi padre, mi madre estaba a mi lado y también mi hermano aunque solo recuerdo la presencia de mi madre. Lo enterramos en el pueblo, con los extensos rituales funerarios que en muchos lugares siguen existiendo. No hay nada más tedioso que recibir el pésame de todas y cada una de las personas que habitan en el pueblo, pasando una por una al pie de la cama como si fuera un jefe de estado. ¡Casi dos días completos duró la cosa! Las vecinas entraban a casa y no paraban de llorar, debiendo seguir en el lamento para que pareciera que estaba sintiendo verdaderamente la muerte de mi padre. Nada parecía ser suficiente porque, después de todo ese tiempo en vela, faltaba recorrer el camino al cementerio. Todos anduvimos hacia las afueras del pueblo y allí tuvo lugar la última despedida. Nunca hubiera imaginado que dos años más tarde pasaría por lo mismo y esta vez acompañando el féretro de mi amada madre. Recuerdo que mi hermano estaba allí de nuevo, pero no mi madre y tampoco mi padre. Necesitaba a mi madre y necesitaba a mi padre; a los dos. En el entierro de mi padre, mi madre estaba a mi lado y en más de una ocasión me comento que se iba a desmayar, que no aguantaba más. Yo tuve la misma sensación en el entierro de ella, pero ¿a quién se lo decía? ¿A mi hermano? ¿Me atendería igual que me hubiera atendido mi madre o yo a ella? Pienso que no y aún lo sigo pensando. No pedí ayuda en su momento. No aprendí a vivir sin ellos y ahora demando a cualquier persona que me dé su ayuda, algo que no pedí en su momento pero que ahora necesito constantemente de todos. Todos tienen que estar en alerta conmigo todos tienen que estar disponibles y dispuestos a salir corriendo, estén donde estén, porque necesito sentir que estoy protegida, necesito que me demuestren que están dispuestos a ayudarme. Entiendo que la gente no pueda asumir esa responsabilidad. No les puedo obligar a vivir en ese estado de alerta, en ese estado de ansiedad recurrente que me invade.

Después de la muerte de mi madre mi vida no fue la misma. Ella había sufrido mucho con la enfermedad y yo con ella al contemplar su sufrimiento. Pero en aquella época iba cada día a verla al hospital y ya era algo familiar para mí. No me impresionaba demasiado y eso que veía lo que ocurría a mi alrededor, que no era nada pero nada agradable. Era difícil observar a la gente que sufría y muy difícil ver cómo la gente moría. Se respiraba enfermedad, dolor, sufrimiento y muerte por todas partes.

Yo era capaz de asimilar todo ello cada vez que estaba en aquella catedral del dolor. Pienso que no me daba cuenta de lo que sucedía a mi alrededor, como creo que no veía lo que pasaba. Solo estaba pendiente de mi madre y de su sufrimiento y ahora cuando vuelven esas imágenes me siento bien. Me sentía segura en el hospital. Lo peor se presentaría más adelante.

Pasado un tiempo de su muerte, empecé a notar que cada vez me costaba mas salir de mi casa. Me encontraba muy desprotegida afuera y era una sensación extraña y desagradable. Daba igual si iba sola, con amigos o incluso con mi pareja, lo cierto es que evitaba salir a la calle y mucho mas salir a un lugar lejos de casa. Mi referencia y mi castillo eran mi casa y solo quería moverme por sitios conocidos, sitios en los que tuviera controlado el tiempo de ida y vuelta y sobre todo algo que descubriría mas tarde; lugares que estuvieran cerca de un hospital. Si todo ello no lo tenia controlado la ansiedad se disparaba. Sentía opresión en el pecho, taquicardia y me faltaba el aire, me ahogaba. No podía ni hablar. Eran síntomas muy similares a los que experimenté inmediatamente después de la muerte de mi madre, por ello me resultaban tan familiares. Siempre pensé que igual que venían se irían. Seguro que no pasaría mucho tiempo y todo volvería a su normalidad volviendo a ser la misma de antes. Podría ir a los mismos lugares, con mis amigos a cenar, con mi pareja de viaje... A él le encanta viajar. Por eso estaba deseando que esto ocurriera. Pero los viajes nunca tenían lugar. No solo evitaba ir de viaje con mi pareja, que es lo que más me hubiera gustado como digo, sino que no admitía que se fuera él a ningún sitio. Esto era algo a lo que en un principio me resignaba pero ahora no podía ni quedarme sola en casa. ¿Qué me estaba pasando? Solo me permitía ir a casa de mi madre, al pueblo. Mejor dicho, solo me obligaba a ir al pueblo a casa de mi madre y a visitarla en el cementerio. No podía faltar el día de Todos los Santos. Cada primero de noviembre llenaba el coche de flores (la tumba de mi madre debía de tener más flores que ninguna y todo el pueblo tenía que verlo) hasta que la ansiedad me bloqueaba cada vez más llegando a paralizarme pos espacio de un día entero, no pudiendo ir a ver a mi madre siquiera. Ya solo me movía por la referencia de los hospitales y el hospital debía estar bien próximo, debía de toparme con uno cada cierto momento para sentirme mejor. Contaba los centros de salud y hospitales que había desde mi casa al pueblo de mi madre y tampoco me bastaba; estaba deseando encontrármelos y cuando iban desapareciendo de mi campo de visión la ansiedad aumentaba. Era algo insoportable. Sé que todos pensaban que era algo absurdo, algo inexplicable por otra parte y, por supuesto, solo podía viajar en coche, pues en cualquier momento, con o sin hospital, podía parar. ¿Cómo iba a viajar en tren o en avión si no podía hacerlo? ¿Dónde iba a encontrar un hospital? Sentía que mi vida se iba reduciendo a realizar cuatro actividades. ¡Qué digo cuatro!, solo dos: el trabajo y la casa.

Hasta que estos lugares también dejaron de ser seguros. Tampoco los controlaba ¿Y si tenia que salir corriendo hacia un hospital? ¿Cuánto tiempo tardaría en llegar desde el trabajo? ¿Por dónde saldría más deprisa? Mi trabajo estaba a las afueras de la ciudad, en un polígono rodeado de un muro y con un guardia de seguridad a la entrada. ¿Cuánto tardaría en recorrerlo? No podía dejar de observar la puerta de salida. Estaba deseando que llegara un descanso para desayunar y llegar corriendo a la puerta. Hasta que esto no sucedía no me encontraba mejor. ¿Pero esto pararía aquí? ¿Tampoco podría permanecer en mi lugar de trabajo y tendría que acercarme hasta la puerta cada cierto tiempo? ¿Para qué? Intentaba que desapareciera ese pensamiento, que volviera la calma. Quería sentirme segura, pero cada vez necesitaba más detalles para conseguirlo, más señales que me indicaran que todo estaba bien, que todo estaba controlado.

Y ese control me iba a llevar a otro escalón y a otro más. Esto no tenía fin. Un día llegué a mi casa y pensé que si cerraba la puertea con llave sería mas difícil salir corriendo en dirección al hospital en el caso siempre hipotético de que me sucediera cualquier cosa. Y así estuve un cierto tiempo, relativamente tranquila lo confieso, mirando siempre a la puerta. Pero aquello no terminó. De nuevo pensé en otra solución y ésta era aún más drástica: debía dejar la puerta abierta. Indudablemente así sería más fácil salir corriendo. Era consciente de que esto era muy peligroso pero las consecuencias que tuviera serían menores que el hecho de no tener clara mi huida hacia la seguridad, hacia la protección ante el terrible miedo a la enfermedad. Un miedo tan profundo que se había depositado en mi tras la muerte de mis padres y se había intensificado sobre todo con la de mi madre. ¿Y si me encontraba enferma y nadie me podía ayudar?. Solo de pensarlo me costaba respirar. Lo que no entendí en ese momento es que poco a poco estaba dejando de respirar porque el aire debería estar condicionado por la cercanía y rápida ubicación hospitalaria o en su lugar por la ayuda de los demás familiares y amigos que acudieran a mi petición de auxilio y me acercaran a un hospital.

Con ayuda he comprendido por qué me pasaba esto. Con ayuda profesional he podido comprender que el duelo por mis padres no estaba resuelto, que estaba dilatado en el tiempo. También he comprendido que ellos no van a volver, que tengo que aprender a vivir sin ellos y que el amor hacia mi hermano es muy importante. También que tengo gente que me quiere y me apoya y que el pobre de mi marido, sin entender nada de lo que me pasaba, estaba a mi lado y disimulaba que me comprendía, dándome todo el amor que necesitaba. Mis amigos eran amigos aunque no pudieran venir corriendo y acudir a mi encuentro. Así poco a poco volví a cerrar la puerta de mi casa, ya no visitaba en los descansos del trabajo la puerta de salida, realice viajes cortos con el itinerario de los hospitales, claro está, en lugar del de los monumentos u otras rutas turísticas, pero sin apenas angustia. Mi deseo actual es viajar con mi marido, no esperarle en casa con ansiedad. Disfrutar de él tranquilamente mientras que no dejo de recordar a mis padres, lo mucho que me quisieron, lo que les sigo queriendo. Un día me plantee no comprar tantas flores consciente de que ellos estrían orgullosos de mí no por las numerosas flores, simplemente por lo que había conseguido; que la tranquilidad tuviera cabida en mi vida al fin.

Quiero ir con mi madre

Y cuando llegue el día del último viaje
Y esté al partir la nave que nunca
ha de tornar,
me encontrareis a bordo ligero de equipaje,
casi desnudo, como los hijos del mar.

Antonio Machado

Elena tenía cita el 23 de Enero pero esa tarde no vendría a consulta y ya no volvería ninguna tarde más. Dejaría una hora vacía como el sentimiento que nos dejó a los más allegados. Un vacío inexplicable y sin sentido, sobre todo recordándola el último día. Aquella sonrisa, aquella expresión de amor y de sentimientos contradictorios se habían marchado con toda su fuerza por vivir y luchar y su idea de reencuentro con su madre constante en su conversación locuaz. Su insaciable capacidad de dar y su necesidad de recibir pero siempre con las personas importantes que compartieron su vida, como su gran amiga Ana no la calmaban, no era suficiente para lo que ella buscaba. Tampoco eran suficientes sus relaciones de pareja y siempre echaba de menos el volver a sentir el abrazo de su madre. Su mirada, que encontraba en el lugar más recóndito, su imagen reiterativa despidiéndola desde la ventana cuando era niña e iba al colegio. Era su sufrimiento diario, su lucha continua hacia su encuentro, su insatisfacción por la vida sin ella; sin su madre. Difícil era mantenerse al margen de esa explosión de afectos, de aquella necesidad de vínculos intensos.

Recuerdo, a menudo, su primer día de consulta, con aquella expresión de dolor implorando ayuda, implorando un abrazo, un beso; implorando afecto.

Sigo escuchando aún sus primeras palabras: «Hola, me llamo Elena y quiero ir con mi madre». Seguidamente me mostró una foto de su progenitora. Era una mujer elegante y guapísima apoyada en una roca de una playa del norte de España. Sin embargo, a esa belleza le faltaba expresar algo; alegría, estaba triste. Me pareció significativo que eligiera esa foto, pero mas tarde descubrí que en las demás esa tristeza no cambiaba, acaso se agudizaba. Intuí inmediatamente que la había perdido y que seguía echándola de menos, que la añoraba y que no había aprendido a vivir sin ella. Lo que no intuí en ese primer encuentro es que su madre había fallecido hacia treinta años y tenía delante de mi a una persona que todavía no había resuelto su duelo. Pidió entonces ayuda a gritos con sus lágrimas. Hacía treinta años que su madre no estaba a su lado y lo sentía. Expresaba sus emociones con el mismo dolor que si hubiera sucedido días atrás tan solo.

Su vida no había tenido ningún sentido ni rumbo desde entonces. Su madre murió cuando Elena tenía diecinueve años. Recordaba su imagen agonizante en su habitación desde el quicio de la puerta, sin atreverse a entrar para no tener que encontrarse con la realidad, deseando que sucediera un milagro que nunca tuvo lugar. Aquella niña tristona era invisible para todos los familiares que estaban alrededor de la cama yaciente.

Siempre había sido invisible para toda la familia y lo seguiría siendo después de aquello. Nadie le hablaba y nadie la miraba. Pasó de saber algo sobre una operación quirúrgica sin importancia a la agonía y a la muerte de su ser más amado hasta entonces. No la dejaron siquiera despedirse. Solo recuerda su mirada, que la perseguiría durante el resto de su vida.

Su amiga Ana estuvo a su lado en todo momento. La ayudo, la abrazo, la consoló y a partir de ese momento Elena formaría parte de su familia misma, que la acogió con gran cariño. A ella no la valió del todo semejante despilfarro afectivo porque siempre estuvo esperando el cariño de la suya propia. Aún después de 30 años y con lo feliz que se sentía integrada en esta familia prestada reclamaba a la suya, sobre todo a la hermana de su madre. Siempre pensó que de alguna manera sería su segunda madre: «¿ No era mas fácil que mi tía, la hermana de mi madre, me diera ese cariño en lugar de recibirlo de una familia ajena?», se decía en innumerables ocasiones. Pero ese apego nunca llegaba y se sentía rechazada, como si, por algún motivo que desconocía, ella hubiera sido culpable de la muerte de su madre. Elena se quedo, finalmente, con su padre y su hermano pero paso rápidamente del dolor a la humillación. Tanto, que le daba pavor salir de su propia habitación. No entendía qué estaba sucediendo, no entendía que no recibiera un abrazo de ellos o que estos abrazos fueran seguidos de algo más, de vergüenza, de gritos implorantes, de desnudez del cuerpo, de desnudez del alma. «Mama quiero ir contigo, ¿ qué me están haciendo?¿ A quién se lo digo? ¿Cómo podré vivir con ello? Tengo el alma llena de dolor y el cuerpo de sufrimiento. No duermo, lloro y lloro pero ya no sé por qué lloro. Si sé por qué no estás y por qué me está sucediendo todo esto en la casa que fue mi hogar. Te recuerdo tras el visillo de aquella ventana a la que te asomabas para despedirme y a la que no puedo dirigirle siquiera una mirada porque tengo pánico. Ahora mi espacio se limita tan solo a mi habitación, temblando en soledad. Cada vez que tengo que ausentarme de aquí, el miedo se apodera de mí, siempre con la cabeza baja y el cuerpo paralizado por el miedo y tenso y frío como el hielo Siempre intentando evitar cualquier cruce de miradas. ¿Cuál es la solución? ¿Cómo puedo llegar hasta ti? A la primera pregunta encontró la respuesta y decidió irse con su tía. A la segunda la obtuvo en un psiquiátrico treinta y un años después.

Para Elena Dios había dejado de existir en el momento mismo en que perdió a su madre. Su vida no tenía ningún sentido, no era vida, a pesar de haber tenido una educación profundamente religiosa. Los hechos traumáticos que invadieron su camino la dejarían inundada de duda y de culpa. Aquellos hechos eran la representación misma del infierno. Un infierno que no acertaba a comprender, que se escapaba del amor puro, del amor paternal, fraternal y de todos los amores posibles. Un infierno que imaginaba real y desearía borrar de su memoria por completo. Debería luchar o negar aquella tortura deshumanizada porque pasó de ser una niña en los brazos de su madre a ser una mujer ultrajada en los brazos de su padre. En realidad siempre se buscó a sí misma y sin encontrarse. No la dejaron, no se lo permitieron, nunca escuchó la aprobación pero tampoco el rechazo a ese horror. ¿Qué pasaba con su familia? ¿Estaba ciega a los acontecimientos que se desencadenaban habitualmente? Pronto empezó a huir de sus preguntas sin respuesta, de su rabia, de su impotencia, navegando sola y sin rumbo para el resto de sus días. Con diecinueve años, y a pesar de esas imágenes que la oprimían el pecho y el corazón, sin dejarla respirar, que la paralizaban sus músculos, y que el estomago se encargaba de expulsarlas, a pesar de todo ello, lo intentó. Intento ser una más, como la mayoría de las chicas que conocía de esa edad, rodeadas del cariño de sus padres, de sus hermanos, de su familia, cuyas inquietudes se satisfacían simplemente pensando en los chicos, deseando que uno se fijara en ellas, compartiendo la alegría y el entusiasmo de la juventud e imaginándose ese primer amor, ese primer beso, esa primera caricia… ¡Qué sencillo se presentaba el mundo ante ella! Intentó ser una más no siéndolo y sacó fuerzas de esa absoluta soledad proyectándola en los libros. Luego terminó una carrera y empezó otra con notas más que brillantes. Orgullosa de sus logros, parecía haber encontrado algo que la llenaba y le daba confianza. Parecía haber encontrado el principio de un nuevo camino, y una posible ilusión con un proyecto de futuros. Se imaginaba ahora como trabajadora social, ayudando a los demás y queriendo descubrir si lo vivido por ella era posible que existiera y ocurriera en otra familia y en otro hogar del mundo. Sería su propia terapia: A la vez que salvaba a las demás mujeres y las sacaba de ese mundo cruel se salvaría ella. Su motivación empezaba a dar resultados y comenzó a trabajar en varios organismos públicos. Además, se sacó el carné de conducir y se compro un coche. Las pinceladas de felicidad empezaban a acompañarla al fin. Era independiente y se estaba deshaciendo de aquellos fantasmas que casi pasaron a ser parte de su pasado. Su mejor amiga seguía ahí a su lado, aunque ahora la echaba más de menos. Distintas universidades, distintos amigos le habían ayudado en su lucha contra los fantasmas del paso que pretendían seguir junto a ella en el presente. Pero esas vidas estarían destinadas siempre al reencuentro. Estaba consiguiendo olvidar y era ya otra persona distinta de la que estaba destinada a ser, más alegre, con sentido de humor, inteligente, útil...

Así trascurrieron unos años, pero el sufrimiento volvió a llamar a la puerta para recordarle que su historia no estaba acabada, que ni siquiera había comenzado de verdad. Su historia volvería siempre a aparecer y a empezar en el mismo punto; la muerte de su madre y la necesidad de irse con ella. El recuerdo del amor incondicional de ésta y la necesidad imperiosa de su presencia estaban siendo implacables.

En ese trayecto de superación se encontró con una profesora de la universidad distinta. Era amable con ella y ambas sintieron gran empatía. Notaba que le mostraba aprecio, que estaba cerca de ella. Algún tiempo después la profesora la invitó a su casa y le presentó a sus padres, hermanos y amigos. La integró en su familia con rapidez. Salían y se divertían juntas y fue en ese momento cuando pensó que se había enamorado. Creía que volver a sentir y compartir momentos felices con alguien no estaría escrito en el destino de su vida y deseaba e imaginaba constantemente el momento en que ella aparecía en clase. Soñaba con que la enviaba alguna señal de complicidad. En clase, sus palabras, poco a poco, perdieron el significado. El sonido parecía cada vez más debilitado. Para Elena su presencia inundaba toda el aula como en una nebulosa. Era una presencia espiritual y solo existía ella, su imagen, su figura que la dejaba absorta, apoyando su cabeza sobre su mano mientras la contemplaba feliz. Cada día el mismo sueño renacía y con él todas sus ilusiones. Recordaba siempre sus momentos íntimos, su olor, sus caricias, sus susurros y solo quería que el tiempo se parase en esos pensamientos, en esas imágenes.

Como era ya costumbre, después de cada clase se acercaban a su casa. Elena lo deseaba mucho, esperando este momento con ansiedad. Era el motor que la hacía levantarse cada día y no podía pasar uno solo sin ella; ni un solo minuto. Aquello empezó como una relación de amistad, para continuar como una relación amorosa sin importarle, a ninguna de las dos, sacar a pasear los sentimientos que ambas parecían tener de manera mutua. Pero lo peor es que se estaba convirtiendo en una tortura que presagiaba un fin.

Un buen día, Elena se empezó a sentir rechazada y su profesora amada ya no la invitaba cada día a su casa. Ya no la sonreía como antes ni tenía la misma. La complicidad desaparecía por momentos y sus clases dejaron de ser su sueño. Cuando se la cruzaba sentía rabia e impotencia porque necesitaba a toda costa estar a su lado y no comprendía el significado de ese distanciamiento. Una tarde, armada de valor, Elena decidió presentarse por sorpresa en casa de la profesora y se encontró lo que nunca pensó encontrarse; su amor era compartido con otra alumna. Elena no pudo con ello, el abandono reaparecía de nuevo y los sentimientos eran similares a la pérdida de su madre. ¡Otra vez sola! Desamparada, las imágenes de ternura daban paso de nuevo a los fantasmas del pasado, a sus sentimientos de culpa ahora mas acusados que nunca. ¿Era realmente homosexual? Eso tampoco estaba contemplado en su religión, ni formaba parte de sus valores ancestrales (si es que algunos valores le quedaban aún).

Tocaba de nuevo navegar sola pero más herida y quizá más confundida. En su trabajo no era la de antes, la que había conseguido ser. Apenas se concentraba ni prestaba atención. Tenía una mirada perdida y presentaba dificultad al conducir. Se desorientaba a menudo y sus compañeros empezaron a darse cuenta hasta que alguien se atrevió a preguntárselo y ella, sin pensarlo, se atrevió a contarlo lo que empeoró las cosas. Lo que era un rumor pasó a ser una realidad que dolía, que avergonzaba, que humillaba y, esperando a que alguien le ofreciera de nuevo su cariño, se manifestó con una personalidad dócil. A su encuentro apareció un compañero que la ofreció llevarla a casa pues el acto de conducir se fue limitando hasta que casi desapareció (algo que le hacia feliz lo dejaba en el camino con gran pena). Antes era su escape y su independencia. El compañero fue indagando en su vida, de la que prácticamente consiguió toda la información, hasta darse cuenta que «se desviaba del camino». Sin embargo no le dio mayor importancia e intentó aprovecharse de su debilidad, de su pena mientras le aseguraba que con él dejaría de ser lesbiana. No lo consiguió, pero si consiguió dejarla sin autoestima. Cada vez se iba pareciendo más a aquella chica de 19 años que consiguió cambiar con gran esfuerzo y satisfacción hacía solo unos años.

Llena de culpa, el destino la empujó a encontrarse con una mujer separada y con hijos, que aparentemente le ofreció cariño. Elena, de nuevo ilusionada aunque no con la intensidad de su anterior relación, aceptó el compromiso y la convivencia con los tres prácticamente desde su comienzo. Sin embargo, aquella relación no se basaba en el cariño sino en la dependencia. No sabía si su pareja correspondía sus sentimientos y no encontraba significado para ellos. Un nuevo camino en su vida era lo que ansiaba, de modo que se dejó llevar. Volvía a estar lejos del entorno familiar y ahora solo los fantasmas del pasado y su recuerdo podían alterar la cordial estancia en este nuevo y aparente hogar al que no se adaptaría nunca. Y no solo por las reiterativas discusiones entre ellas dos sino por no saber manejar todo un complejo mundo infantil de aquellas niñas cuyos roles no eran ni muchos menos los que Elena deseaba proyectar en esta nueva familia. A partir de ese momento los afectos se iban distorsionando y las relaciones de pareja también. Solo fomentaban la duda, la culpa y a veces la humillación. Sin rumbo pero incrementando su falta de identificación sexual y su ansiedad, Elena empezó a tener trastornos en su alimentación. Unas veces comía compulsivamente, como si llevara días sin probar bocado y otros se olvidaba de ingerir alimento alguno. No existía horario ni para las comidas ni para cualquier otra actividad. El trabajo empezó a no tener ningún interés y no se concentraba en realizar sus tareas y funciones. Cuando se decidía a dar un paseo no parecía saber donde iba, pero tampoco le importaba y si tenía que comprar algo evitaba las grandes superficies y notaba como si todas las personas la estuvieran mirando, como si supieran los acontecimientos de su vida, como si su rostro fuera desvelando sus secretos. Se agobiaba cuando su mirada se cruzaba con la mirada de otra persona y mucho más cuando notaba el roce no intencionado de alguien a su alrededor. Se sobresaltaba a menudo. Alguna mañana, sin justificar y en raras ocasiones, se levantaba con ganas de hacer cosas. Como si la energía se hubiera acumulado en su organismo durante días o semanas. Tenía encuentros con personas desconocidas cuyas circunstancias la invitaban a beber, experimentando cambios de ánimo extremos entre la alegría, la melancolía y tristeza posterior. El cuerpo no respondía a ningún estimulo y era el momento en que la imagen y el recuerdo de su madre tomaba mas fuerza y su pensamiento se reducía a uno solo; irse con ella, marcharse a su lado. Cuando su mente dejo de dar cabida a otros pensamientos y solo ese parecía existir, comenzó su calvario. Era el primer intento y enseguida aprendió que sería posible conseguirlo en cualquier momento. Desilusionada, sin fuerza y después de su intento de suicidio, ingresó en un centro psiquiátrico. ¿Cuántas veces más lo intentaría? ¿Por qué ahora solo la motivaba intentar acabar con su vida? En su interior solo una idea obsesiva que se repetía compulsivamente: «Quiero irme con mi madre, lo demás se ha esfumado. No forma parte de mí y ya he encontrado el camino; creo que lo conseguiré».

Sus primeros contactos con la institución psiquiátrica los expresaba como una anulación de sentimientos, de aislamiento del contacto de humano. No podía establecer ningún tipo de relaciones con los demás pacientes. Ni tan siquiera una charla trivial con alguna persona. Su mundo no pertenecía a aquello y estaba muy confusa, no distinguiendo apenas entre los hechos y la realidad. Pero habiéndolo intentado tan solo una vez, la pregunta que se había hecho con 19 años: «¿Cómo puedo llegar a ti?» tenía una respuesta cada vez más segura y no había otra. Estaba preparada para volver a repetirlo en cuanto tuviera otra ocasión. Su meta estaba decidida y ya nada ni nadie podrían detenerla.

Había subido a una montaña rusa y bajar iba a convertirse en algo muy complicado, casi imposible. Sus estados de ánimo extremos y contradictorios apagaban esa fuerza interior que tanto le había servido algunas veces. Un día se levantaba con algunos proyectos en mente, en ese momento eran irrealizables: «Me gustaría tener un perro al que cuidar» o «quisiera tener un hijo» eran pensamientos nada aceptables en el contexto donde se expresaban. Primero tendría que demostrar que podía cuidar de ella misma y sobre todo que podía llegar a quererse.

En aquellos momentos no manejaba los afectos. Los sentimientos los asociaba a meras expresiones si alguien la sonreía. Y era porque sentía algo mas profundo que podía ser aviso de un inicio de enamoramiento, a lo cual ella respondía con una explosión de sentimientos que ni siquiera los que la ayudaban podían entender. Esta era su magnífica montaña rusa; ahora en lo más alto, feliz y amada, y ahora precipitándola en la caída más profunda. Cada abandono era como tirarse de su montaña y así lo hacía.

Los intentos de suicidio se sucedían como la única estrategia aprendida para que alguien acudiera en su ayuda, pero el resultado era contrario al que quería conseguir; su libertad.

Pasaron los años y sus bríos suicidas se apaciguaron. Más bien intentó reprimir sus sentimientos, aunque si los experimentaba procuraba que estos no salieran a la luz y no se permitía el menor exceso emocional. Había aprendido a ocultar sus emociones sin dejar de sentirlas y eso la embargaba en una profunda tristeza, recurrente, en sus pensamientos. Sin llegar a expresarlos, consiguió salir del hospital psiquiátrico y empezar de nuevo a vivir sola, excepto un día a la semana que debería visitar a la psiquiatra para regular su medicación. Ya era libre, o casi libre, otra vez.

Elena, sin embargo, no estaba conforme con esta situación. Sí, estaba libre pero no de sus pensamientos, ni de sus sentimientos. La alegría que experimentó en un principio no duraría mucho y, después de tantos años y sin apenas contacto con su familia, debía integrarse de nuevo en ella. Pero integrarse era casi imposible. No solo tenía que retomar el encuentro con los que la habían abandonado en los momentos más tristes, sino que los lazos que la unían a ellos eran más fuertes. No lazos afectivos —que nunca los hubo—, sino los legales. Sus conductas estaban vigiladas de cerca por su tía, que la tutelaba.

«Salí del centro como si tuviera cinco años, muchos menos de los que tenía cuando decidí irme a casa de mi tía, desamparada y condicionada para que todos mis actos fueran aceptados por ellos. Sus miradas se clavaban en mí si me reía o si lloraba, si hablaba o no hablaba, si les llamaba o si no les llamaba. Llevaban un registro completo de mi vida: Dónde iba, con quién, qué había comido, a qué hora regresaba a casa y por qué, en qué gastaba el dinero y para qué. No sé verdaderamente si el concepto de libertad había perdido su significado durante el tiempo que estuve el centro psiquiátrico. Me habían dado de alta y en el informe final se manifestaba que podía vivir sola y libre, recuperar mi vida en una palabra. Pero primero debía adaptarme al progreso, lógicamente. Cuando recupere mi ordenador y parte de mis pertenencias parecían salir de otra época. De hecho así era, porque el tiempo se había detenido hace tantos años que me chocaba hasta la forma de vestir de la gente. Su aspecto había cambiado y era como si la ciudad se hubiera acelerado por completo. Todo iba más deprisa: la gente, los trasportes, las calles que, aunque muchas seguían llamándose igual, no eran las mismas. Los edificios que pertenecían a otra época si me resultaban familiares pero no los de ahora. Era libre pero perdida en el tiempo y aunque deseaba iniciar esa nueva vida, cada vez me costaba más trabajo. Lo disimulaba, eso sí. Cuando entraba en un supermercado me asustaba la extensión del mismo Si pensaba comprar algo concreto terminaba comprando cualquier otra cosa para salir cuanto antes del recinto y, cuando llegaba a pagar se me hacía eterno. Parecía que todas las miradas se clavaban en mí conociendo mi historia: de dónde venía, dónde habían trascurrido los últimos casi 20 años de mi vida. Pensaba que lo llevaba escrito en alguna parte. Era libre pero todo me decía que estaba equivocada, que mi lugar de salida era mi lugar de partida. Por lo menos el hospital era una zona de confort, donde todos eran conocidos y donde no te tenias que defenderte del mundo porque el mundo te había puesto allí justamente para defenderte y defenderse de ti… Pero, si podía caminar sola ¿por qué tenía que volver a mi refugio entonces?, me engañaba, encontrare a alguien que me quiera, conoceré a personas, volveré a enamorarme, estoy bien, estoy bien me repetía, y cuanto más lo hacía mas quería escapar pero no al refugio material sino a mi refugio espiritual, en el que durante toda mi vida no había dejado de pensar. Irme con mi madre, ese era mi objetivo. Lo intente de nuevo y retrocedí también de nuevo pero el refugio me salvó. ¿De qué? Otra vez estaba entre cuatro paredes conocidas y familiares, pero por el poco sentido lógico que me quedaba caminé en dirección contraria y mis proyectos se invirtieron. Tendría que empezar de nuevo y demostrar al mundo que sería capaz de conseguirlo. Creo que no pensaba si yo necesitaba demostrarme algo porque mis pensamientos ocultos me estaban llevando hasta allí y serian satisfechos solo con el reencuentro con mi madre, que no estaba en ese mundo de ahora, que estaba en otro que yo deseaba más que nada. Los demás no dejaban de sorprenderme y de agobiarme examinando mis actos continuamente. Eso no era la vida que me propuse durante tantos años. Eso no era hacer mi vida, era hacerla la vida para otros; la vida que querían que hiciera.

Tome fuerzas de nuevo, creo que pensé que era mi última oportunidad y busqué a un profesional fuera de este edificio, lejos de este escenario que no dejaba de recordarme esos años de vida. Si salía a pasear me encontraba con personas que trabajaban en el psiquiátrico y que más que saludarme, que a veces ni lo hacían, me observaban, me analizaban, desmenuzaban mi comportamiento: si estaba bebiendo algo inadecuado, si estaba sentada sola o acompañada, si eran personas del centro o no, si les saludaba, qué emociones expresaba. Si estaba alegre o me reía era indicio de no control, si estaba triste o parecía enfadada era igual a agresiva. Así lo sentía y así me lo hacían sentir. Era como representar día tras día una obra de teatro. La misma puesta en escena con distintos personajes y una única protagonista; yo misma».

Hace un año aproximadamente, salió de ese entorno de las afueras de Madrid y se presentó ante mí con la foto de su madre, tan elegante como era, en una playa del norte de España. Era toda una explosión de emociones. Lloraba sin parar mientras intentaba coordinar sus palabras. A veces se quedaba en blanco, otras no sabía seguir. Su mirada se perdía y, cuando regresaba, gritaba pidiendo ayuda. Sin embargo, aunque estaba delante de una persona ajena de ese entorno que le atormentaba, tenia muchas dudas sobre volver a las sesiones terapéuticas porque en ese momento no era constante en nada de lo que se proponía. En su experiencia había aprendido que salir física y psicológicamente del psiquiátrico no era posible y pensé que no volvería a la segunda sesión siquiera. Me equivoqué porque no faltó ni un solo día a su cita conmigo.

En aquella primera sesión comentó: «Quiero irme con mi madre. Lo he intentado muchas veces y no lo he conseguido, pero pienso continuamente en estar a su lado, en irme con ella. No quiero sufrir más. Con ella encontrare la felicidad y no voy a cumplir más años. Antes de septiembre estaré a su lado. Tengo que conseguirlo, no quiero volver a despertarme con las manos atadas, mareada, con la boca pastosa impidiendo poder emitir ningún sonido, encerrada entre cuatro paredes como castigo por ese intento de volver a su lado. ¿Dónde está el significado de la vida si no es al lado de mi madre? Seguro que ella tiene un lugar especial en el cielo porque sufrió mucho en su matrimonio y en su vida. No se reía apenas y, según algunas personas que la conocieron, interpretaban ese sufrimiento y amargura como el carácter de una persona seria e incluso altiva. Pero yo sabía que no era así. A mí me llegaba su amor, su afecto, aunque me faltaran más contacto físico, más abrazos, más besos. Ahora los iba a tener.

El primer intento de suicidio dio lugar al primer ingreso en el centro psiquiátrico, coincidiendo en el tiempo con su ruptura de pareja, y los siguientes no tenían ninguna relación causal.

Hablamos del espacio vida y del espacio muerte. Se dice que la muerte es parte de la vida, ¿pero qué ocurre cuando el espacio vida se convierte en el espacio NO quiero vivir?.. Principalmente que la paz que anhelamos para soportar a veces la vida nunca la encontraremos si continuamente pensamos en no querer estar en el espacio de la vida. Es una lucha constante entre el no querer y a veces el querer disfrutar de lo que nos ofrece ésta. La soledad con mayúsculas no nos lo pone fácil y resulta nuestro mayor enemigo. Cuanto más solos nos sentimos más necesitamos tener a alguien cerca, más necesitamos estar en contacto con los demás. Que nos abracen, que nos regalen una sonrisa, que se preocupen por nosotros, que cada mañana nos den los buenos días, que nos quieran… Eso es, justamente, lo que no tuvo Elena. Por eso cualquier muestra afable, cualquier signo de amabilidad se convertía en una respuesta dependiente y obsesiva donde se distorsionaba el mundo de los afectos y se adentraba en otra realidad.

En el primer encuentro con Elena la fecha de su cumpleaños era una fecha decisiva. Era la fecha límite para despedirse de este mundo y no encontraba otra manera mejor de celebrar su cumpleaños; celebrarlo al lado de su madre. Según avanzaban las sesiones, esta fecha se fue diluyendo. No así su objetivo que seguía rondando su mente y a veces daba pequeñas señales fáciles de descomponer en momentos clave. Al principio se despedía como si fuera el último día:«Adiós, ya no te volveré a ver más. Gracias por sacarme mi sentido de humor, por hacerme reír, por hacerme la vida más fácil, por quitarme los fantasmas del pasado, por ayudarme a encontrarme, por estar ahí».

Pero llego un día, mucho antes de septiembre, en que se despidió de manera natural haciendo proyectos para el fin de semana, imaginando lo que podía hacer y disfrutando de la idea de llevarlo a cabo. Sin darse cuenta, en su mensaje había omitido el adiós para siempre y el «no volveremos a vernos». En esta ocasión dijo: «Hasta el próximo día», experimentando una cercanía cada vez mayor de complicidad que se traducía con peligrosidad en un vinculo dependiente, pero del que pudo desprenderse y diferenciar de una amistad o incluso de algo más seguramente. Su cumpleaños llegó y lo celebró. Aquello que había programado durante tanto tiempo ahora no tenía cabida en su mente. Había desaparecido. Solo pensaba que estaba en septiembre y seguía viva, disfrutando de si misma y dando importancia y valor a los que tenía más cerca, sobre todo a su gran amiga Ana, manifestando muchos planes cercanos para ella que en este momento eran factibles. Cada meta llamaba a otra y ésta a otra, con la esperanza de que todas se podían alcanzar, con la satisfacción de estar disfrutando alguna de ellas en la realidad y otras en su imaginación, pero siempre cercana a esta realidad que tomaba forma y a la que deseaba adaptarse con impaciencia, sin faltar ni un solo día para expresarlo.

Fue en junio cuando sus proyectos marcados con más fuerza la llevaron a aterrizar en una playa de Barcelona. A su familia, por supuesto, no le pareció adecuado. Si tenían que ir a por ella, si no sabría comportarse, si los dejaba en ridículo… Nunca dejaron de pensar que su lugar era la institución de la que no debería haber salido nunca y nunca le dieron una oportunidad, admitiendo que posiblemente Elena no era la misma que había ingresado hace 20 años. La otra Elena, la de ahora y la de antes, parecía no haber existido para ellos. A pesar de la culpa trasmitida, logro irse, disfrutar de esos días de playa, disfrutar del paisaje y reanudar su capacidad para conectar con la gente. Hizo amistades y siguió en contacto con ellas durante todo el verano. Esperaba con gran impaciencia sus llamadas y era todo un premio responderles cuando se producían. Aunque le contaran aspectos baladíes sobre sus vidas, era suficiente para alegrarla el momento y recordarlos en los siguientes.

Mucho antes de esta experiencia gratificante establecimos actividades que podía seguir. Desde los programas de televisión que veía, los alimentos que iba a comprar, el importante encuentro con su mejor amiga que tenía lugar cada fin de semana y en los que consiguió ser una persona especial y feliz gracias a Ana, encontrándose en su «verdadera» familia donde todo parecía tener lugar de manera normal. Comían, reían, veían películas y charlaban de la vida y de sus proyectos sin ser analizados ni invalidados a cada momento. Qué distinto cuando se reunía con su familia legal. Se preguntaba qué expresión debería tener porque si se reía podían interpretarlo como algo no adecuado en ese momento, si se callaba era signo inevitable de su no mejoría, y así todo. A pesar de ello logro establecer de manera habitual el contacto con los más próximos, sus tías. Las navidades las pasó sola y con la soledad volvió la culpa. No era admitida porque no se lo merecía. Su mejor amiga, preocupada por ese cambio, la invitó con los suyos pero Elena argumentó que no iba porque en realidad no era su familia y ella tenía la suya propia. «¿Dónde?» se preguntó. Porque ninguno de los suyos la llamaba ni en los días más clave, así que pasó la Nochebuena y los llamó como algo impuesto, algo obligado, sin entusiasmo y sin ganas. Sabía que juntos celebrarían esa noche igual que las fiestas señaladas siguientes a las que Elena no fue invitada. A pesar de ello se preocupó de volver a llamar. Le contaban los regalos que habían recibido, excesivos presentes a los que ella no tuvo acceso; ni siquiera lo tuvo al contacto humano. Deseaba que el tiempo corriera y que la Navidad desapareciera pronto. Las luces la dañaban, los adornos la entristecían, las cajas de regalos eran sombras de un pasado que nunca volvería. Como cuando era niña, pasó esos días rodeada de recuerdos que no hacían más que hundirla en la tristeza y la melancolía, mientras que la iban privando de la fuerza que había conseguido durante todos estos meses de duro trabajo terapéutico con el fin de empezar una etapa nueva. Como ella misma decía: «Por naturaleza me queda mucho tiempo y veré morir a mis mayores, pero no lo admito porque si parten antes que yo pensare que fue por mi culpa por todo lo que les hice sufrir». Siempre defendiendo lo indefendible, siempre pensando que su enfermedad les había desorganizado su vida. Pensando en el trastorno que les suponía cuando iban a verla al centro hospitalario un día al año (el de su cumpleaños a ser posible). Pero ahora, nadie iba a su casa, excepto Ana, su mejor amiga.

Iba presentando a su familia a través de las fotos recuperadas de las cajas que guardó durante años, apiladas en un guardamuebles, esperando a ser recogidas y abiertas. Los recuerdos que avanzaban y recorrían ese mapa a lo largo del tiempo eran expresados y anclados en imágenes que la trasladaban a todo tipo de situaciones y emociones. Surgían a veces espontáneamente, otras con dolor y las menos con alegría o acaso satisfacción. De este modo vimos pasar las imágenes de sus abuelos, de sus padres, de su madre —reiteradamente—, de sus tíos y tías, de su hermano, de sus primos, de sus amigos y de ella misma. Eso era lo más complicado de todo. Le costaba trabajo reconocerse a sí misma. Tanto, que algunas veces no se encontraba en el espacio tiempo y llegaba a pensar que la chica impresa en ese papel no era ella, o se preguntaba dónde se había quedado aquella mujer que parecía sonreír a la vida haciendo un guiño de indiferencia a todos los recuerdos desagradables aparecidos en su mente a la vez que trataba de deshacerse de ellos. Y es verdad que en parte lo consiguió, aunque sorprendida y con bastantes críticas a su cuerpo, a su pelo, a sus expresiones y gestos, apareciendo en ese álbum de su vida que empezó a construir con su actual edad: 50 años.

Desde sus cincuenta años hizo un recorrido inverso de los treinta a los veinte años, una regresión a su adolescencia y su niñez. Disfrutando de un viaje a Londres para ver a su mejor amiga, que fue a estudiar a la capital británica durante una temporada. Elena la visito compartiendo juntas unos días inolvidables, llenos de alegría. Luego de vacaciones en la playa o en su finca de la sierra, en el colegio, en una fiesta de disfraces, con los Reyes Magos… Recordando algunas de estas situaciones con gran sentimiento y saltándose el periodo en el que las fotos fueron prohibidas. Esa parte velada de su vida donde ella verbalizaba a menudo que había dejado de existir, donde la oscuridad cubría cualquier pensamiento o imagen de esa época, sabiendo, pero aun sin comprenderlo, que también pertenecía a ella.

Empezó y terminó las visitas en el mes de septiembre. Su cumpleaños había pasado y aquel mensaje del primer día quedo diluido con el paso del tiempo. Lo había superado. Su gran objetivo no se había cumplido y solo había cumplido años, manifestando por un lado una gran satisfacción y preguntándose, con algo de incertidumbre, dónde estaba la fuerza acumulada durante tantos años para cumplir su gran objetivo. Esa fuerza la estaba utilizando, claro que sí, y canalizando de otra forma. Llegó a hablar con pasión de sus proyectos de futuro, que ganaban credibilidad poco a poco. Cada vez se acercaban más sus deseos y eran más reales. ¿Por dónde debía empezar? Por una casa, sin duda. Lo mas alejada posible del centro psiquiátrico y de sus recuerdos. ¿Por dónde debía continuar? Se seguía preguntando y se respondía a sí misma: «Quiero seguir aprendiendo». Se matriculó entonces en un curso relacionado con sus estudios. Estaba encantada…. Internet era una ventana abierta al encuentro de sus deseos porque en este entorno siempre tenía a mano cursos, casas, coches, viajes, etc. Todo estaba ahora a su alcance y era más sencillo imaginar y soñar. Ya tenía varias casas de alquiler ubicadas. Ya sabía qué coche se iba a comprar y eso era hasta más importante que su nueva casa porque, durante un tiempo, el coche estuvo asociado a la libertad, palabra que ahora volvía a recobrar todo su significado. Si tenía en su mano todo ello, la vuelta al trabajo no debería ser difícil. Oír a Elena describir todo este mundo —su nuevo mundo— era muy gratificante, tanto que sus «peros» eran insignificantes. Elena se había bajado de la montaña rusa bastante tiempo atrás y ahora parecía subida en una barquita cuyo balanceo, aunque desagradable a veces, era mucho más soportable «¿Dónde iré con mi coche yo sola? ¿Cómo decoraré mi casa? ¿Vendrá a visitarme mi familia al estar tan cerca ahora? ¿Podré invitarles a pasar la navidad?», todo parecía tener una respuesta, una buena respuesta al fin. Y así, con muchas ganas, se preparaba Elena para el nuevo año.

Pero antes llego la Navidad y esa euforia se fue apagando. Su familia no la llamó ni para felicitarla, ni para compartir la cena de Nochebuena, ni fin de año, ni ninguna fiesta navideña. No compartieron ni un simple paseo familiar. Todos estaban unidos esos días. Todos menos ella. Si no compartía esas fechas de tradición familiar… ¿Cómo iba a compartir sus planes, sus proyectos, su nueva forma de vida? Ellos no querían compartir nada de nada. Lo más sensato para todos sería volver al centro psiquiátrico. Quizá fuera lo más sencillo, lo menos preocupante y lo más acertado. Intentar volver a vivir, a luchar. No era lo adecuado y no tenía sentido. Ese fue su regalo de navidad: La humillación de nuevo, la sensación de lo insignificante que era para ellos, la nula confianza y la falta de amor… Imaginaba el pensamiento que rondaba sus mentes: «Elena está loca. Nunca podrá dejar el centro psiquiátrico. No puede y no debe hacerlo. Es lo más adecuado para ella porque tiene que estar controlada». No atendían a los informes que se elaboran a su favor. No querían ni leerlos… ¿Quiénes eran esos psiquiatras y esos psicólogos para pensar y redactar luego semejante infamia. Ellos no tenían ni idea de cómo funcionaba la mente de Elena. Pero ella anhelaba su nueva vida y parecía fácil lo que le ofrecía el futuro. Tan solo tenía que alcanzarlo y ya estaba en sus manos. Todos sus proyectos estaban sobre la mesa en un momento en que las cartas del destino eran propicias. Tenía que empezar la partida, pero esa partida la tenía que empezar sola. Seguramente para su familia su ansiada y esperada situación se convertiría en un choque que no sabrían manejar y aquello le producía culpa e incertidumbre, pero estaba llena de energía y dispuesta a dar el gran paso. Al final lo dio y ahora su vida discurre por derroteros bien distintos… pero eso es otra historia que no voy a contar porque le pertenece solo a ella.

Ahora, desde la perspectiva que me concede el tiempo, pienso en Elena y sé que ha sido el caso más difícil con el que me he encontrado hasta el momento. Se lo agradezco sobremanera porque su presencia en consulta durante todo un año me ha mostrado los límites de la psicología más compleja y espero que me haya dado las claves para ayudar a otras muchas personas en situaciones similares de dificultad.

La caja de bombones

Un recuerdo
Una fecha
Y una rima
Así sencillamente nos jugamos
el corazón en una despedida.

JORGE ROBLEDO ORTIZ

Sobre la mesa de la cocina se encontraba la caja de bombones entreabierta. Era lo primero que se divisaba al entrar en casa. Mi madre se la regaló a mi hermano por su veinticinco cumpleaños. Como todos los años, Iñaki esperaba ese regalo con gran ilusión y sabía disfrutar de ello con moderación, como todo lo que hacía en su vida. Solo faltaba uno, el que se había tomado después de comer. Nos ofreció su caja a mis padres y a mí, pero le rechazamos el ofrecimiento y entre bromas me dijo: «No se te ocurrirá, hermanita, coger ninguno mientras no estoy. Para él eran pequeños tesoros que cuidaba con gran delicadeza. Cuando se comía uno parecía que le recordaba a su infancia. Volvía a ser aquel niño alto y moreno siempre con una sonrisa, algo travieso, eso sí, sobre todo conmigo. Nos llevábamos tres años de diferencia y yo era la menor de los dos. Desde hacía poco tiempo él empezó a tratarme de una manera distinta; ya no era su hermanita pequeña. Me hizo partícipe de su mundo, de sus sueños, de sus alegrías, de sus preocupaciones… Hablábamos durante horas y el tiempo transcurría demasiado rápido en aquellos encuentros puntuales. Yo estudiaba derecho en Madrid pero él ya había terminado sus estudios y había encontrado trabajo en Pamplona, no muy lejos de nuestro pequeño y entrañable pueblo.

En esas conversaciones me hablaba de su relación con su novia. Estaba muy ilusionado con ella y ambos pensaban ir a vivir juntos muy pronto, creo que en cuanto yo terminara los estudios y volviera al hogar familiar. De este modo sería más fácil para él y mis padres no se quedarían tan solos.

Precisamente después de comerse aquel bombón salió corriendo al encuentro de su novia, despidiéndose con la mano desde la puerta, algo nervioso y deseoso de conocer la sorpresa que le había preparado por su cumpleaños. «¡Qué día tan maravilloso!», gritó mientras se alejaba calle abajo.

Aquel 7 de Enero en Navarra la lluvia era intensa pero el camino en coche al pueblo cercano de su novia era un camino que realizaba muy a menudo y que conocía perfectamente, aun a pesar de las inclemencias del tiempo.

Detrás de mi hermano, mis padres salieron a visitar a unos familiares. Me quedé sola en aquella enorme casa, sentada en el salón y viendo de reojo la caja de bombones entreabierta, me dieron ganas de comerme uno, pero al recordar las palabras de Iñaki sonreí y no fui capaz de cogerlo. Ya lo compartiríamos a su vuelta.

Puse música mientras me arreglaba para reunirme y despedirme de mis amigos. Al día siguiente regresaría a Madrid para retomar de nuevo mi último curso de derecho. Creo que no había pasado ni una hora cuando llamarón insistentemente a la puerta. Seguramente sería alguna de mis amigas que venía a buscarme antes de tiempo. Al abrir la cancela me encontré con dos agentes de policía, muy serios, que me preguntaron si vivía allí Iñaki y que si yo era familiar suyo. También preguntaron dónde estaban mis padres. Contesté a todas sus preguntas y ellos insistieron en localizar a mis padres lo antes posible. Tenían que comunicarnos una noticia y era mejor que estuvieran ellos también presentes. Lo intente todo para localizarlos pero no pude conectar con ellos. No contestaban al móvil. Imaginé que estarían con mucha gente y no lo podían oír. Los policías seguían mirándome muy serios. Era una situación ciertamente incómoda, sí que lo era. ¿Qué tendrían que decirnos tan urgentemente? ¿Por qué habían preguntado por mi hermano? En el reloj, los minutos tardaban en sucederse como si fueran horas. Tras la desesperada espera uno de ellos comentó si no seria mejor adelantarme la noticia. Entonces miró a su compañero y comenzó diciendo:

«Sentimos comunicarte que tu hermano ha tenido un accidente en la carretera. Ha sido un choque con otro coche. Lamentablemente ha fallecido. ¿Mi hermano? ¿Accidente? ¿Fallecido? No pude contestar, solo mirar hacia la cocina para ver la caja de bombones. Su caja seguía entreabierta esperando su regreso. No podía contestar, solo repetir en mi cerebro las mismas palabras que acababa de oír pero a la inversa ¿Fallecido? ¿Accidente? ¿Mi hermano? No podía ser de ninguna de las maneras. Iñaki en ese momento estaría con su novia, disfrutando de su encuentro, de su sorpresa…

¡Es imposible! Mi mente repetía una y otra vez las mismas preguntas pero cuando llegaba a ¿Fallecido?», notaba que algo se me desgarraba por dentro. Sentía una opresión en el pecho y unas terribles ganas de vomitar. Los policías me miraban y yo a ellos. Quería llorar pero no podía. Luego me ayudaron a sentarme y me indicaron que respirara lentamente. Pensé en volver a llamar a mis padres pero el nudo en la garganta me lo impedía. Seguro que vendrían muy pronto.

El teléfono fijo empezó a sonar. Me daba miedo contestar. Estaba paralizada, pero los policías me indicaron que lo hiciera. Era Itziar, su novia. Preguntaba por él. Le estaba esperando hacía más de una hora y no contestaba a su móvil. Mecánicamente volvieron a mi mente las palabras aisladas y las fui pronunciando lentamente… «Accidente, fallecido…». Al otro lado del teléfono no hubo respuesta. Durante un lapso eterno solo existió el silencio casi mudo del chisporroteo eléctrico. Luego se escuchó una explosión de sollozos y llanto. ¿Qué palabras había dicho? Era la primera vez que lo trasmitía y el dolor era intenso, un dolor que nunca había experimentado y que cortaba la respiración. Después de lograr despedirme y colgar creí que era de nuevo el momento para intentar conectar con mis padres. Esta vez sí cogieron el móvil, y esta vez me contuve de darles la noticia. Solo les comunique que vinieran lo antes posible. La espantosa noticia la conocerían muy rápido.

Entre tanto, y con la presencia constante de los policías, mis ojos se dirigían continuamente a la cocina no pudiendo apartar la mirada de la caja de bombones. Era extraño, esa caja estaba tomando un significado especial. El bombón que faltaba y los demás que permanecían intactos eran el antes y el después. La diferencia entre la alegría y la celebración de un año más y el fatídico accidente que acabó con la vida de mi amado hermano. El tiempo se había parado, se ralentizaba de manera agobiante. Nunca más esa caja seria abierta por él y nunca más volvería a comer ningún bombón.

Cuando llegaron mis padres mis ojos seguían perdidos en aquella caja, a la vez que iban apareciendo sucesivas imágenes: El recuerdo de su voz, su sonrisa, su cara, y el sonido de su guitarra. Pero mientras mis padres lloraban desconsoladamente al conocer la noticia yo no podía llorar, como tampoco lo hice en el tanatorio ni pude hacerlo durante el entierro.

Pasaron los días y la habitación de Iñaki permanecía cerrada. Era como si se hubiese desprendido del resto del espacio de la casa. Los tres pasábamos delante de la puerta pero evitábamos entrar. Quizá cuando lo intentábamos nos daba pánico encontrarnos solo con el vacío y el eco. No podía asimilar que el tiempo se había parado en aquel espacio, que ya no tenía vida y que ningún sonido salía de allí. Las guitarras parecían esperarle igual que su caja de bombones que, sin atrevernos a abrirla, cambiaba de lugar continuamente pero siempre a nuestra vista, con la esperanza que todo hubiera sido un sueño, que en realidad se hubiera ido de viaje y regresara pronto; en cualquier momento y cualquier día.

Embargados por la tristeza, cuando desaparecía la esperanza evitábamos entrar en aquella habitación. Pero esa evitación no nos ayudaba a procesar nuestro duelo y habría que integrarla de nuevo y de alguna manera a nuestro espacio en nuestro hogar aún sin mi hermano. Ese sería el comienzo pero aunque los tres lo sabíamos ninguno se atrevía hacerlo.

Una noche oí pasos por el pasillo cerca de la habitación. No puedo expresar lo que sentí. Por un momento pensé que mi hermano había regresado de aquel viaje y que se cumplían nuestras esperanzas, ¿o era su espíritu?. De repente la puerta se abrió. Paralizada, no me atreví a moverme de la cama.

Acaso estaba despidiéndose de todo lo suyo, de todo lo que había dejado… de su casa, de nosotros, de su familia. Sentía una enorme curiosidad, pero cuando empecé a oír el sonido de su guitarra sentí miedo. Mi cuerpo ya no pudo moverse. La música sonaba cada vez con más fuerza. Quien quiera que fuese parecía disfrutar de ello. No podía creer lo que estaba pasando, lo que estaba oyendo… ¿Y si fuera de verdad mi hermano? La música era parte de su vida y por eso los fines de semana tocaba en un grupo musical. Le encantaba y lo vivía con gran pasión.

Al detenerse la música comencé a oír un llanto. Al principio era muy silencioso pero poco a poco crecía en grandes sollozos. Mientras, la puerta volvía a cerrarse poco a poco. Conseguí dormirme de nuevo, después de dar vueltas y vueltas con las imágenes de mi hermano tocando la guitarra cobrando cada vez más fuerza, pero también las del tanatorio, las personas que pasaron por él, la imagen de su novia desolada, la familia, los amigos con los que tocaba la guitarra, la llegada de su cuerpo, el entierro. Seguro que aquella música habría sido solo un sueño.

A la mañana siguiente bajé a desayunar y, para mi sorpresa la puerta de la habitación de Iñaki estaba abierta. No había sido un sueño, aquella puerta que había permanecido cerrada durante días, esa puerta que representaba la incertidumbre, el vacío y la ausencia se volvía a abrir volviéndose a integrar en aquel espacio; nuestro espacio familiar, nuestra casa. Aún me daba miedo entrar e incluso mirar desde el marco de la puerta. Finalmente lo hice. Saqué fuerzas y lo hice. Cuando vi que una de las guitarras estaba sobre su cama, la barrera del antes y el después no existía. Se mezclaba en mis imágenes y se distorsionaba la realidad. Todo parecía ser como antes pero nada era igual y yo lo sabía.

Llegué a desayunar como si hubiera recorrido un gran túnel en el tiempo, con la esperanza de nuevo de que el autor de aquella música estuviera sentado desayunando y preparándome alguna de esas bromas que me invitaban a comenzar el día con una sonrisa. Pero no estaba allí. En su lugar estaba mi padre me observo fijamente. Sabía lo que estaba pensando, las imágenes y los sonidos iban y venían de mi mente a un ritmo de vértigo. No sabía qué decir, no sabía qué preguntar. No hizo falta, mi padre me miró fijamente y me dijo: «Yo fui el que tocó la guitarra anoche. Mis dudas desaparecieron a la vez que mis pocas esperanzas. Mi hermano no había vuelto de ningún viaje y su espíritu tampoco nos había visitado. Sin embargo, en aquel momento sentí que estaba con nosotros de otra manera, pero estaba allí. Mi padre había logrado ese milagro; esa era la forma de acercarse a él y esa era la forma de sentirlo, de que nunca desapareciera del todo, recordándole de ese modo para siempre.

«Sí, he tocado su guitarra y me he sentido muy bien. Es como si me lo hubiera mandado hacer y lo he hecho. Al tocar el sonido me ha embargado. Las notas me han ayudado a sentirle cerca. Miré hacia arriba buscando si la puerta seguía aún abierta y así era. A partir de ahora cada uno de nosotros buscaría la forma de reencontrarse con él, de sentirle en nuestros corazones, de aceptar que no regresaría nunca a coger un bombón de aquella caja. ¡Qué pena! Yo no sabía tocar la guitarra y ese sería el mejor medio de acercarme a él de esta otra manera.

Desde aquella noche mi padre no dejó de tocar la guitarra de mi hermano y cada día su mirada de dolor y tristeza iba cambiando por una de serenidad y paz. Por eso cuando terminaba su pequeño concierto era capaz de emitir una pequeña sonrisa que nos contagiaba a mi madre y a mí.

Lo que fue aparentemente fácil, o así me pareció para mi padre, no lo fue para mí. Ahora tenía que verme con sus amigos, con el mundo sin él. Cuando empezaron a preguntarme cómo estaba me di cuenta que respondía como si fuera mi hermano: «¿Cómo voy a estar?», pensaba, «si me he muerto en un accidente de coche? Pues mal, destrozado, destrozada». Asomaban imágenes que hasta entonces no habían aparecido del cuerpo después del accidente y que yo no había visto pero que, imaginaba, eran muy escabrosas, ¿Cómo me hacían esa pregunta? ¿Es que no sabían lo que me había pasado? No era coherente pero lo sentía cada vez que alguien me lo preguntaba. Era algo sin sentido. Yo seguía viva, seguía en el espacio vida y lo sabía. Aquella caja de bombones me lo recordaba constantemente. Intenté que aquel hechizo desapareciera. El accidente lo había sufrido mi hermano no yo y tenía que reaccionar como fuera. Estaba mal pero por su ausencia, por su muerte, que era la mía.

Al llegar casa, cogí aquella maldita caja de bombones e intente comer uno. De este modo ya no me recordarían su ausencia, su espera. Lo intenté pero no pude. No cumpliría mi promesa: «Le esperaré hasta que venga».

Sin embargo debería desaparecer de mi vista pues comprendí que era la señal de su vuelta y que eso no sucedería. La escondí en su armario porque pertenecía a sus objetos personales y hasta un año después, casi olvidada de mi recuerdo no la encontré. Sin embargo en esa fecha el duelo ya seguía su proceso y me había reencontrado con mi hermano de una forma que nunca se me hubiera pasado por la imaginación.

Meses más tarde, los amigos y componentes del grupo al que pertenecía mi hermano me llamarón para comentarme una decisión que habían tomado; se reunirían para tocar en homenaje a él. Me preguntaron entonces si yo sabía tocar la guitarra. «No, nunca me ha interesado. Me gusta oírla pero no creo que tenga las cualidades apropiadas para hacerlo. Mi padre sí que sabe algo», les referí. Pues dicho y hecho. Lo prepararon todo y el grupo tocó en el local donde lo hacía habitualmente. Mi padre les acompaño encantado interpretando una pieza. Debo confesar que sentí cierta opresión en el corazón a la vez que una gran satisfacción. Me di cuenta por segunda vez que era la mejor manera de recordarle y de estar junto a él.

Ese día cambio el trascurso de los demás. Quedaba con los amigos, con los componentes del grupo, les seguía adonde tocaran y me admitieron e integraron mientras ensayaban. A ellos les animaba mi presencia por el vínculo con Iñaki y yo disfrutaba de lo que tiempo atrás, con él en vida, no hice.

«¿Y si aprendiera a tocar?, me pregunté» No sería lo mismo seguro pero lo podía intentar. Un buen día me encontré con la guitarra entre las manos, emitiendo sonidos que por supuesto no eran los de mi padre y mucho menos los de mi hermano. Era emocionante, sin embargo, intentarlo. Con inusual insistencia y perseverancia y con la ayuda y paciencia de los amigos de mi hermano —ahora míos— eso sí, y sobre todo de Carlos, que fuera mi maestro, logré aprender lo que hacía muy poco tiempo creía impensable. Disfrutábamos tocando juntos y éramos felices en aquellos momentos solaces. Carlos no solo me ayudó a aprender a tocar sino que me obligo a salir de mi casa. Hacía tiempo que no me apetecía quedar con nadie y me costaba volver a Madrid cada vez que se terminaban unas vacaciones. Allí tampoco me apetecía salir porque no quería que me preguntaran nada sobre mi hermano, ni los que sabían de su muerte ni los que no. Sobre todo a estos últimos. Cuando me presentaban a alguien y me preguntaban si tenía hermanos contestaba que no, para seguidamente sentirme muy mal y marcharme corriendo a casa a llorar. ¿Cómo podía negar su existencia? El caso es que si contestaba «sí» tendría que explicarlo y eso sí me resultaba más difícil… Más recuerdos, imágenes, sentimientos encontrados de tristeza y rabia, y en definitiva todo lo que poco a poco iba perdiendo intensidad. Pero que siempre estaban presentes en mi día a día. Sabía que lo acertado era volver a mi rutina, mis estudios, mis amigos, pero me costaba decir adiós a mis padres. Pensaba que me podía pasar lo mismo que a mi hermano y me aterrorizaba por ellos. Pero eran mis padres los que me animaron desde el principio a retomar mi vida y mis proyectos. Era lo mejor para mí y tenían razón. Cada vez me integraba más satisfactoriamente a mi gente. Hice varios viajes con ellos y la concentración, que estuvo ausente por un tiempo, se iba presentando de forma idónea, haciendo posible retomar mis estudios. Aún así lo que más deseaba era volver a mi pueblo, junto a los amigos de Iñaki, que ahora eran también los míos, y dejar fluir aquel sonido de la guitarra que nos trasportaba a su lado y tomaba forma sintiendo su presencia.

Una de las veces que fui a mi casa para ver a mis padres sentí la necesidad de ir al cementerio con su guitarra, a tocar delante de su tumba. Pensaba que me escucharía más fácilmente a la vez que le daba una sorpresa, «¿Por qué no?», me dije. Hay muchas personas que van a la tumba de sus seres queridos y hablan con ellos —o por lo menos eso dicen—. Qué mejor que llevar su música a su lado; la mejor manera de comunicarme con Iñaki. Caminaba despacio con la guitarra a cuestas cuando la verja del cementerio asomó al doblar la esquina de aquella larga calle que desembocaba en camposanto. La atravesé. El silencio invadía el lugar y estuve a punto de arrepentirme y dar media vuelta. Cada paso que daba me hacía dudar de mi propósito, pero de forma automática me estaba acercando a su tumba. De repente empecé a escuchar una música, una melodía saliendo de una guitarra y me quede paralizada. De nuevo el sonido de la guitarra me dejaba sin respiración. Seguí caminando a su encuentro y ya cerca, la silueta de una persona se encontraba al lado de su tumba interpretando esa misma canción. Al llegar, vi que esa silueta era de su amigo (mi amigo) Carlos, mi maestro. Cómo lo entendía yo ahora. Él lo venía haciendo desde hacía tiempo y era, estoy bien segura, la mejor manera de acercarse a mi hermano, de tenerle en nuestros corazones, de no olvidarle nunca. De este modo, los dos aceptamos, al unísono y mediante su música, que Iñaki ya no estaba entre nosotros pero nosotros podíamos ir a su encuentro. Estoy segura de que nos estaba oyendo y se sentía feliz por acordarnos de él, de regalarle su propia música y de invitarle de nuevo a la vida. Iñaki, siempre estarás con nosotros.

Mensajes en el aire

Tarde calurosa de verano preámbulo de una noche colmada de estrellas. Tiempo ideal para compartir, tiempo ideal para sentir la brisa del mar mientras admiras un cielo luminoso cargado de estrellas que te vincula a la naturaleza, que te ayuda a olvidarte de las obligaciones cotidianas; de todas las obligaciones acumuladas durante el año y de las venideras.

No solo quería imaginármelo, quería vivirlo y disfrutarlo. ¿Dónde encontraría ese lugar este verano? ¿Dónde sentiría esa paz para frenar el ritmo acelerado del largo año?

Mis preguntas emitidas en el aire recibieron para mi sorpresa la respuesta esperada: «Ese lugar existe y se encuentra en Cantabria», contestó un amigo. «Conozco un pequeño paraíso donde las olas son fondo de un coloreado paisaje cargado de extensas pinceladas, donde la noche no es noche si al mirar hacia el cielo no descubres los destellos de las esperadas guías iluminadas, donde los días son extensos porque el reloj se para, donde los pensamientos se detienen porque un eclipse solo te invita a mirarlas».

Allí no hay cabida para un «mañana tengo que,,,». Solo cabe un «hoy disfruta con…».

En este lugar hay una preciosa casa cuya dueña, una mujer afable y cariñosa, espera con impaciencia para obsequiar a los inquilinos que ocupan sus habitaciones con el impacto que les produce sumergirse en estas tierras soñadas.

No lo dudé: «¿Para que buscar otra alternativa?», me reafirmé. Ya la tenía. Ansiaba hablar con aquella mujer y concretar lo más rápido posible mi estancia en tierra de promisión espiritual.

Al teléfono comprobé la dulzura del tono en sus palabras y acordamos de inmediato la fecha de mi entrada. Estaba deseosa de que llegara el día y ansiosa por sumergirme en la soñada estancia.

Llegué al paraíso indicado por mi amigo y confirmé que así se trataba. Tras la cordial bienvenida de Isabel, me encontré como en mi casa o mucho mejor, pues el lugar que me rodeaba no tenía parecido alguno con los alrededores alrededor de mi casa.

Isabel era una mujer morena, ni muy alta ni muy baja, con unos enormes ojos castaños que parecían traspasar el alma. Enseguida congeniamos. Hablamos sobre los lugares que podía visitar, los lugares mágicos con los que me iba a encontrar. Me comentó, además, los horarios de los desayunos y comidas de los que podía disfrutar. Daba mucha confianza y era el encuadre perfecto desde el que comenzar a vivir esta experiencia.

Su hija vivía con ella. Era una chica adolescente con sus mismos ojos que, dispuesta como su madre, estaba allí para facilitarme unas vacaciones plenas.

Aquellos días fueron maravillosos. Conseguí, sin prepararlo, la tranquilidad tan añorada en aquel lugar y con aquella gente amable y cariñosa.

Después de gozar de aquellos días de dicha junto a un mar diferente, Isabel y yo nos dijimos hasta pronto y yo marché en busca de mi estrés y mis obligaciones. Allí dejaba el paraíso, como me dijo mi amigo, pero también a una gran mujer. Aquello seria, sin duda, el inicio de una gran amistad.

Ya en mi casa, nos mandábamos mensajes a menudo, intercalando el efecto del día a día en nuestras dispares y contrarias ubicaciones. Ella desde la tranquilidad yo desde la acelerada ciudad. Empezaba diciendo: «Hola Isabel, ¿cómo estas?, y ella contestaba: «Muy bien» y terminaba siempre de la misma manera: «Te deseo felicidad».

¿ Unos días de vacaciones? Ya no tenía que buscar porque el lugar ya lo había encontrado. Así que iría para aquel paraíso de Cantabria una vez más. «Hola Isabel, voy el próximo puente. ¿Tienes alguna habitación libre? «Hola Carmen. Sí claro, sin problema». Todo era así de sencillo.

«Hola Isabel, ¿necesitas algo de la ciudad?. «Hola Carmen. No gracias, no necesito nada. Nos vemos el próximo fin de semana».

Me dirigí a Cantabria deseando encontrarme con la magia del entorno y con las tardes de amenas conversaciones con Isabel. Ella sí que podía disfrutar continuamente de esa sensación de sosiego que yo no encontraba jamás en la gran ciudad.

En aquella ocasión, cuando llegue al lugar no me recibió Isabel. Lo hizo su hija y a mí no me extraño. Debía estar comprando algo, habría necesitado alguna cosa de última hora, qué sabía yo. No me di cuenta de la expresión de su hija hasta que me invitó a pasar y me dijo, con un tono calmado y lleno de dolor, Isabel murió hace un mes. El mismo día de su cumpleaños, un cáncer fulminante e invasivo le paralizo su cuerpo, le paralizo su vida.

No podía ser. Habíamos estado mandándonos mensajes. Precisamente el día anterior envié el último. Yo le decía: «Hola

Isabel» y ella me contestaba. La felicité el día de su cumpleaños y me dio las gracias... ¿Estaba muerta? Impactada por la noticia, impactada por aquellos mensajes al aire, no asimilaba nada. Entonces... ¿Con quién hablaba? «Conmigo, Carmen», respondió su hija con las lagrimas deslizándose por su rostro... «Conmigo, Carmen». «¡Pero tú no eres Isabel! ¿Cómo es tu nombre?». Me comentó que su nombre era Silvia y que no me lo quiso decir por teléfono sino personalmente, al llegar allí. «Siento no habértelo comunicado antes, de verdad lo siento», dijo cabizbaja y arrepentida.

El paraíso estaba a mi alrededor pero Isabel no compartiría conmigo ninguna tarde más en aquel porche. Ahora formaba parte de ese cielo lleno de estrellas y esa estrella, que aparecía mas iluminada que nunca, me daba ahora la bienvenida. Sabía que era ella, Isabel.

Cambie los paseos por la playa por los paseos al el cementerio: Me resultaba, el camposanto aquel, tranquilizador y envolvente como todo en aquel paraje.

Había tocado el paraíso y lo había perdido en parte, comprendí que los lugares mas bonitos del mundo engrandecen su belleza cuando están habitados por gente tan maravillosas como Isabel. Era mi nueva amiga, mi gran amiga. Lo era para siempre.

La última despedida

¿Qué va a quedar de mi cuando me muera
sino esta llave ilesa de agonía
estas pocas palabras con que el día
dejo cenizas de su sombra fiera?
¿qué va a quedar de mi cuando me hiera
esa daga final?

Los familiares más cercanos al difunto están esperando el cuerpo de su ser querido en el tanatorio. Algunos ya lo han visto y otros le verán por primera vez sin vida. Para todos el impacto será grande y el encuentro con la muerte una realidad.

Permanecimos formando una cadena de abrazos, la mayor parte del tiempo, sin despegarnos unos de otros, con la mirada perdida. La espera sigue su proceso y se hace eterna. En ese momento nadie se ha creído el desenlace aún.

Alguien se acerca a nosotros preguntando por los familiares del difunto. Ya está aquí y por fin lo recibiremos. Nos indican que le acompañemos a la sala. Todos ansiamos su encuentro pero ya no le podemos tocar ni acariciar. El frío cristal separa el espacio vida del espacio muerte.

Incrédulos aún con nuestro presente, acercamos nuestros cuerpos al cristal formando una cadena de abrazos. Unidos en el corazón y en el sollozo unísono. En un intento de comunicación con su alma, el alma de nuestro padre, de nuestra madre, nuestro hermano, nuestro hijo, nuestro marido, nuestro ser mas querido… Tras el impacto nos invade la impotencia por la imposibilidad de contacto, moviéndonos de nuevo al unívocamente para colocar nuestras manos en aquel cristal, esa barrera espesa y transparente que nos marca y nos impide estar más cerca suya. Allí, el contacto y el calor ya no tienen respuesta alguna.

Su cuerpo inerte aparece con una expresión dulce pero no le podemos tocar ni tenemos contacto visual con él. Nosotros sí le vemos, pero ya no le oímos y muy pronto dejaremos de verle; tan solo quedara en nuestro recuerdo.

Nuestra mente recorre su vida al lado de la nuestra y aparecen imágenes y situaciones mas cercanas en el tiempo. Puede que ayer mismo habláramos con él. Recordamos sus palabras, su despedida. Sentimos su tacto al besarle recordando su olor. Pensamos en los mensajes que no le dijimos y lo que nos falto por comunicarle: nuestras metas, nuestras ilusiones, nuestras alegrías, nuestros problemas y todo lo que nos faltó por vivir a su lado. No soportamos la idea de seguir sin él. Las imágenes se desplazan en el tiempo, sorprendidos por una sonrisa en algunos instantes por algo que nos dijo y que nos conmueve y gratifica un instante tan solo. Lloramos por aquellas escenas que ya no se volverán a repetir y seguimos avanzando en el tiempo hasta donde nuestra memoria es capaz de llegar y mantener en este crucial momento de difícil consuelo.

En una esquina, alguien empieza a llorar desconsoladamente mientras otros acuden a consolarle. Posiblemente, cuando este familiar cese su llanto otro iniciará su catarsis. Sucesivamente nos consolaremos y en algún momento todos lloraremos a la vez y todos nos consolaremos al tiempo, unidos por el dolor.

Los amigos y los familiares, e incluso gente desconocida hasta ese momento, desfilan ante nosotros. También ellos quieren despedirse.

No todo el mundo reacciona de la misma manera, claro. Algunos se santiguan y rezan hasta que pueden encontrar algo de paz y tranquilidad espiritual ante el hecho de la muerte. Rezan por él, por todos. El sentimiento de culpa se empieza a instalar con fuerza: Lo que no le dije ayer, lo que no le conté y me quedaré con ganas de hacerlo durante toda su vida, lo que me hubiera gustado preguntarle y no lo hice por pereza pensando que tendría muchas oportunidades de hacerlo algún día, las veces que no le dije que le quería y también las veces que se lo dije. Aquellas en las que fui capaz de expresar mis sentimientos y se lo demostré con caricias, con besos, verbalmente o simplemente con una sonrisa. Lo que me reía a su lado con su asombroso humor aun en días poco propicios. Puedo recordar ante aquella barrera de cristal, contemplándole de forma ensimismada, situaciones y escenas llenas de felicidad y alegría. Momentos donde nos invadía el espacio de vida.

Se le observa con respeto y temor pero con mucho amor, pensando que la línea que separa los dos espacios es muy fina y asimilando nuestro espacio distinto del suyo desde ese mismo momento. Nos damos la vuelta y, para nuestro asombro, la sala está llena de gente en grupos rememoran sus mejores anécdotas. Todavía no somos conscientes de lo mucho que le echaremos de menos pero algo nos indica que lo haremos. La ausencia de contacto en ese momento nos lo hace presentir. Ahora solo podemos mirarle y muy pronto solo nos quedara recordarle.

Nos integramos con los demás y nos damos cuenta que la vida sigue, interesándonos por los suyos: «¿Cómo están sus hijos? ¿Sus nietos? ¿Sus padres?». Interesándonos por su trabajo, por sus relaciones de pareja y, en definitiva, por aspectos importantes de su vida, justo ese espacio que nuestro ser querido acaba de perder.

De repente lo echamos de menos y corremos a su encuentro. Estamos allí para despedirle y nos hemos alejado. Hay alguien a su lado. Nos acercamos silenciosamente y le oímos hablar en voz alta: «Amigo mío me has dejado solo. ¡Qué ratos mas buenos pase contigo!, tomando cañas, jugando al mus. ¡Qué malo eras por cierto! Siempre estuviste ahí, amigo mío, cuando más te necesité… En mi enfermedad, en la muerte de mi madre… A todo le quitabas importancia y te reías de la vida pero ahora, ya ves, la vida se ríe de ti y te abandona. Hablamos de dejarnos señales cuando esto pasara pero ahora no se sí estoy preparado para ninguna y me la puedes armar, que te conozco bien. ¿Cuál fue tu último chiste? Ya me acuerdo. Fantástico —esboza una sonrisa y después empieza a llorar— ¿Por qué? ¿Por qué tú? Decías que firmabas para morirte a los noventa y te vas a los cincuenta ¡Siempre con tus gracias! Me alegro de haberte conocido y haber compartido a tu lado grandes momentos. ¿Y ahora qué?¿Te vas con tu padre a jugar al mus? Él estará encantado pero nosotros ¿Qué haremos sin ti? Adiós amigo mío».

Falta poco tiempo para que termine esta situación. La sala se cerrara y dejaremos el tanatorio atrás para trasladarnos al cementerio, a lo mejor al mar, a la sierra o a cualquier otro lugar donde nos indicara en vida que desearía descansar tras el infausto día último. El adiós es ya un hecho y ahora tampoco le podemos ver. Comenzamos a revivirle llevándole en nuestros pensamientos, en nuestros corazones y, sin darnos cuenta, en la mayoría de nuestras acciones venideras.

Pensamos que está con nosotros, que nos protege, que nos ayuda. Los asistentes se retiran del lugar, llevando cada uno consigo su recuerdo. Puede que sea dulce: su último beso, su última caricia… O puede que no podamos hacer desaparecer esa figura fría de la sala de al lado, casi carente de expresión.

Da comienzo nuestro camino sin él, nuestro duelo y todo se repite y se distorsiona. Se nos hace muy difícil avanzar. Los sentimientos vienen y van anclados a muchas imágenes que a veces imploramos que desaparezcan: Su sufrimiento en el hospital, los rituales de los últimos días… Le echamos de menos de manera insoportable. Recordarle y sentirle como quisiéramos nos cuesta cuando llega la náusea y el dolor se mezcla con la esperanza. La idea de que volverá pronto de ese viaje persiste, a la vez que nos engaña del desenlace irreparable, impidiéndonos comenzar nuestro proceso de duelo. Todo se mezcla. La tristeza da paso a la rabia, a la pena, al rechazo y al dolor.

El tiempo pasa y, aunque las emociones perduran, aparecen con menor intensidad para reaparecer con más fuerza en las fechas clave. Sobre todo en el primer año: El primer cumpleaños sin él, las primeras navidades sin él, las primeras vacaciones sin él y, sin darnos cuenta, nos resistimos a que desaparezcan sus objetos personales. Dejamos su esponja en el baño, su ropa en el armario, respetamos sus sitios preferidos, acudimos a sus lugares de ocio, compramos las mismas cosas que él compraba, el mismo número de lotería. Sus gustos gastronómicos ahora también son los nuestros. Oímos sus canciones favoritas, llevamos algunos de sus objetos personales, por un tiempo o para toda la vida, como su reloj, alguna prenda de ropa, sus joyas, un anillo, una cadena… Guardamos alguna prenda suya en el armario permanentemente para olerla de vez en cuando y nos ponemos la misma fragancia para trasportarnos con el sentido del olfato cerca de él. Nos acostumbramos a acudir a sus restaurantes habituales, a sus tiendas favoritas, a sus ciudades preferidas, caminamos por los lugares que lo hicimos con él sin darnos cuenta que ahora vamos solos. Todo ello nos facilita el transito amargo de su ausencia aprendiendo a caminar con sus recuerdos, sus enseñanzas y su amor, aprendiendo a aceptar la vida sin él pero siempre con él, siempre a nuestro lado.

Ya no podemos verle, no podemos oírle, no podemos tocarle, pero siempre podremos recordarle.

El duelo en los niños:

¿Cuándo vamos a jugar?

Los niños pasan su duelo influidos por el ambiente familiar circundante, en este ámbito donde con la esperanza de ahorrarles sufrimientos —o al menos de atenuárselos—, manifestamos una actitud que entraña indudables riesgos. Para empezar se les hurta una experiencia que deberán afrontar antes o después a lo largo de su vida, menoscabando una preparación que sin duda deberá serle útil en el futuro. La enseñanza sobre nuestra reacción ante las pérdidas que transmitimos a nuestros niños crearan las bases sobre lasque se apoyarán cuando se enfrenten por sí mismos a esta realidad ineludible.

Los niños tienen una capacidad innata —muy a menudo subestimada por los adultos— para percibir el dolor o los desarreglos funcionales en su entorno más inmediato. Estos comportamientos súbitamente alterados generan preguntas en la mente infantil que, de no recibir una respuesta adecuada, pueden degenerar en conclusiones motivadas por la preocupación que se encuentren alejadas de la realidad y generen en él conflictos afectivos y del comportamiento. «¿Por qué llora papá? ¿Por qué mamá no se levanta de la cama?» son solo algunas de las preguntas que requieren respuestas sinceras que puedan ser entendidas por el niño y le alejen de interpretaciones en las que, a menudo tiende, a culpabilizarse.

Las respuestas que deberemos ofrecer dependerán de lo que el niño demande, y esto estará directamente condicionado por su edad, cada nivel de conciencia exigirá una determinada respuesta acorde con la capacidad de entendimiento del menor. Naturalmente deberemos evitar los detalles más explícitos y cruentos de la perdida, pues estos solo generan en él sentimientos de miedo y angustia. Al mismo tiempo debemos huir de mensajes recurrentes del tipo «las personas que mueren van al cielo y ahí están muy bien».

Es positivo, por el contrario, inculcar en la mente del niño la idea de que las personas que mueren ya no están con nosotros físicamente pero que podemos hacer que sigan a nuestro lado de una manera en que sin verlos ni percibirlos podremos recordarles, hablarles y convocarles en nuestro apoyo. No encontrarse físicamente entre nosotros debe explicarse como el hecho de que ya no pueden respirar o caminar o comer. Si hay algún antecedente de muerte en alguna mascota entre las vivencias del niño puede ser de mucha utilidad para hacerle recordar cómo la ausencia de vida implicó que el animal dejara de moverse, de jugar, de comer. Este tipo de explicaciones generan en el niño la idea de que la ausencia física entraña unos cambios fundamentales en la relación que hasta entonces habíamos entablado con el sujeto perdido. Así, éste ya no necesita comer ni respirar pero se puede fomentar la idea de que nos vamos a esforzar en mantener esa relación de una manera distinta.

Solventar las lógicas demandas de explicación ante la ausencia de un ser querido con el manido «está en el cielo y ahí se encuentra muy bien» puede generar en el niño el pensamiento de que existe un lugar en el que todo tiene fácil solución y en ocasiones pudiera fomentar el deseo del niño por alcanzar tal lugar o desligar las consecuencias de su conducta de aquellas situaciones a las que el niño no se adapte adecuadamente o simplemente de aquellas en las que no se encuentre bien. Tampoco es conveniente asociar la muerte con estados temporales tales como decir a los niños que «la persona ausente se encuentra de viaje o enferma en el hospital» porque imposibilita el necesario inicio del proceso de duelo en el niño y genera, a medio y largo plazo, una pérdida de la necesaria confianza del menor hacia nosotros.

En todo caso, se considera que para edades menores de cinco años el concepto de muerte se encuentra muy alejado del nivel de comprensión del niño. No obstante sí puede verse afectado a esas edades por un sentimiento de imitación en relación a las vivencias que vea desarrollarse en su entorno más cercano. Es sintomático de este aspecto el caso de un niño de cinco años que pidió a sus padres visitar a su tía en el cementerio. Con toda certeza ni siquiera sabía qué era un cementerio pero se vio influenciado por sus primos mayores, que tras la muerte de su propia madre sí habían participado de las ceremonias posteriores como parte del proceso de duelo entablado por su tío. La petición de nuestro protagonista asociaba los actos de sus primos con su deseo de participar de tales ceremonias.

Es muy difícil que niños de cinco años o menos sean capaces de asociar la muerte con un estado definitivo. En su idealización del mundo no encuentran descabellado que las personas fallecidas vuelvan a nuestra compañía, tal como se ve sugerido en cuentos donde un simple beso es capaz de resucitar a la amada yaciente.

A partir de los seis años podemos encontrar bases de raciocinio suficientes como para permitir al niño diferenciar claramente los estados permanentes de los contingentes. En el caso al que nos referíamos antes, la lógica infantil permite discernir al niño a través de pensamientos tales como: «Mis primos no verán nunca más a mi tía pero yo, aunque no vea a mi mama cuando estoy en el colegio, la puedo volver a ver por la noche, porque no está muerta como mi tía». En estas edades es importante que se les explique de forma lógica y teniendo en cuenta su forma de procesar los pensamientos abstractos. Así, se irán resolviendo las dudas que vayan consultando, siempre de una manera coherente y verídica. De otra forma influiremos negativamente en posteriores procesos de duelo y generaremos una pérdida de confianza en los padres, tan necesaria en el proceso educativo y de maduración del niño.

Hasta los doce años los niños no son conscientes por completo del sentido de la muerte. Aunque deberán superar un necesario proceso de duelo, su culminación se alcanzará seguramente por mecanismos diferentes a los de un adulto. Por este motivo deberemos acompañarle en el proceso sin forzar su presencia en aquellos actos que todos compartimos ante tales circunstancias: velatorio, entierro, funeral... Deberemos consultarle en cuáles de estos actos desea participar sin que ello suponga la desestimación de otros significativos para el menor que pudieran generar incluso dolor de la perdida.

¿Cuándo jugamos?

Actualmente Ana tiene veinte años y seguramente seguirá acordándose de su primo

Alberto. Le encantaba jugar con él y más que su primo parecía su hermano. Tenían la misma edad y, aunque su hermana

Laura siempre la reclamaba para que le hiciera caso, todavía no compartían las mismas actividades pues era tres años menor que ella. Lo que no presentía Ana es que su primo estaría ausente en los momentos más importantes de su vida y desaparecería de su vida muy pronto y para siempre sin poder entender por qué.

Cuando le comentaron que Alberto estaba malito, Ana con su edad razonaba con que el hecho de estar enfermo era muy normal; un concepto de un hecho puntual y pasajero. Muchos niños faltaban al colegio y hasta ella en algún momento se había puesto malita y había acudido al médico porque le dolía la tripa, la garganta o porque tenía mucha fiebre, pero como todos sus compañeros volvía al cole recuperada. Tomaba un jarabe o una pastilla y pasados unos días ya se encontraba mucho mejor. Incluso jugaba con sus muñecas a los médicos, imitando su comportamiento en consulta. Su misma atención y sus procedimientos: «Tienes que ponerte el termómetro y tomarte este jarabe para curarte», decía. Cuando aquello había hecho efecto —siempre según su imaginación—, le tocaba comer, bañarse, ir al parque. Terminada esta secuencia ya podían bailar y cantar juntas. La enfermedad, por tanto, existía pero como un proceso incomodo de síntomas molestos como dolores de tripa, escalofríos o fiebre, pero no mucho mas y siempre como un episodio con principio y un final; un final feliz.

Para Alberto los médicos eran otra cosa. Eran personas vestidas de blanco a las que no le gustaba ver porque ello significaba que debería permanecer un tiempo en el hospital y no le divertía nada. Le trataban muy bien y eran muy cariñosos con él. Sin embargo, cada vez que tenía que irse, tenía que despedirse de su hermano y de su juguetes y sobre todo de su habitación, empezaba a apreciar lo que tenía precisamente porque no lo tenía en aquel lugar llamado hospital. Cómo echaba de menos también su colegio a sus compañeros y, sobre todo, a su prima Ana, con la que compartía y disfrutaba los fines de semana en su habitación o en la de ella.

En el hospital era todo muy distinto. No es que no pudiera jugar, es que no tenía fuerza para hacerlo y no le apetecía por tanto. El tratamiento era duro y a pesar de ello Alberto siempre estaba con una sonrisa en su boca, animando a sus padres cuando apreciaba que alguno de ellos deslizaba una lágrima por su mejilla. Les decía, incluso, que todo iba a salir bien. No preguntaba por el tratamiento, simplemente lo aceptaba. Lo único que le sorprendió fue cuando se le empezó a caer el pelo. ¿Aquello no le pasaba a las personas mayores? ¿Se había convertido mayor de repente y no se había dado cuenta?. Fuera lo que fuera el pelo no dejó de caerle hasta quedarse calvo del todo. «Un pañuelo y un gorro valdrán para no pasar frio. Además, me han dicho los médicos que volverá a crecer con mucha mas fuerza cuando me recupere del todo», decía.

Alberto estaba alegre. Hacía tiempo que había terminado el tratamiento y se encontraba con ganas de disfrutar de sus juguetes, de sus amigos y sobre todo de su prima Ana, que no paraba de hacerle preguntas acerca del hospital: «¿Dónde te han pinchado? ¿Te han hecho daño? ¿Por qué se te cayó el pelo? ¿Ahora es de verdad o es una peluca? ¿Por qué estabas tan pálido? ¿No te daban bien de comer? Deberías haberte llevado galletas o chocolate y muchas chuches ¿Tu osito te cuidaba en el hospital? Y ahora… ¿Ya no estas malito?..». «¡Bien!», se alegraba Ana, «ya no tendrás que volver a ese sitio y podremos jugar todo el tiempo del mundo».

Un día, preparada para encontrarse con su primito de nuevo, sus padres le dieron la noticia. No sabían como contárselo pero deberían hacerlo, pues las preguntas ahora iban dirigidas a ellos: «¿Por qué lloras? ¿Estás triste? ¿Es por que no he recogido los muñecos o porque no me he terminado la sopa?».

Alberto se encontraba bien, pero de repente los acontecimientos se precipitaron y vuelta al hospital. El tratamiento había dejado de ser efectivo y él se encontraba cada vez peor. La pregunta era ahora de adultos: ¿Por qué?.

Médicos, enfermeras, familiares, abuelos, tíos y sobre todo sus padres, no paraban de repetirse la misma pregunta y no pararían de hacérsela mucho tiempo después.

Nos dejó, aquel ángel llamado Alberto se fue un día de otoño. Había vivido tan poco tiempo que su pasado era casi su presente. La memoria no había hecho casi su función. Cinco años, solo cinco años y varios de ellos entrando y saliendo del hospital.

Ana seguía preguntándose por aquel desconsuelo de sus padres. «Deberíamos explicárselo pero no sé si entenderá el concepto de muerte», comentaron. Era la primera vez que oía hablar de aquello y pregunto seguidamente: «Vale, pero ¿Cuándo volverá Alberto?». Evidentemente, su mente no procesaba el desenlace. «Alberto no volverá hija, se ha ido al cielo pero está muy bien. Allí puede jugar y le están cuidando».

La atemporalidad era reclamada por sus imaginaciones y pensamientos. «¿Cuándo volverá?», preguntaba la niña incesantemente. «No volverá Ana», le referían sus padres. «¿Pero me prometió que jugaríamos juntos de nuevo? Entonces tendré que ir a visitarle», pensaba en su mundo de fantasía no correspondido.

Lo que para los padres pudo ser una frase sin más, no lo fue para Ana, que no dejaba de pensar en ello. Se pasaba horas mirando por la ventana al cielo y buscando la manera de llegar, pero no sabía cómo hacerlo. Llegó a pensar pensó en una escalera: «¿Existiría una escalera tan larga?». Pensó en un paracaídas pero no tenía ninguno, lo único que se le ocurría era volar y volar. Estaba segura de que si saltaba por la ventana, su primo la cogería y llegarían los dos juntos al cielo.

Fue en ese preciso instante cuando Ana se situó en el cerco de la ventana desde el decimo piso para lanzarse al vuelo al encuentro con su primo, justo cuando su padre pasaba por allí. Su progenitor, aterrorizado, aguantó su propio grito para no asustar a su hija y se acerco muy despacio, sigilosamente y con un movimiento certero y brusco la rescató del marco de la ventana y de su propia muerte. Pasado el susto enorme, pensó en sus palabras: «Alberto se ha ido al cielo y esta muy bien». Aquella frase sacudía su cerebro, obligando a replantearse como explicarle a Ana el significado de la muerte.

Decididos a rectificar sobre el concepto de muerte, compraron un pececito. Su movimiento dentro de la pecera era signo de vida como cuando comía. El padre esperaba con tremenda impaciencia que lo dejara de hacer. Era un pensamiento cruel pero en ese momento resultaba necesario para explicárselo porque era muy posible que así lo entendiera al fin. Alberto no la rescataría al ir a su encuentro porque no se podía mover. Sin los cuidados adecuados ese día no tardó en llegar y el pez murió. El padre aprovechó el infausto acontecimiento para hablar con Ana.

La niña empezó a llorar y por supuesto a preguntar: «¿Entonces, Alberto ya no se mueve y por eso no puede jugar conmigo?» «¿Y yo no puedo ir a buscarle?»... En ese momento comprendió que no podría ir al encuentro de su primito. Había comprobado, por sí misma, que para que la muerte tuviera lugar, habías de dejar de moverte y de respirar; de otro modo nadie podía llegar al cielo.

Días después del episodio del pececito, asomada de nuevo a la ventana, vio llover y pensó: «Alberto está llorando, pobrecito, porque no puede jugar conmigo. Ya no respira y no se puede mover, pero le he sentido muy cerca. Su llanto me une a él. Se comunica conmigo y no sé por qué pero me hace sonreír y sentirme bien. Como si estuviera a mi lado». Asomada a la ventana, pasó y pasa largas noches todavía recordando y añorando a su primo. Después de quince años lo sigue haciendo y sonriendo a la vez, pensando en la forma que volvió a encontrar el lazo de unión con su querido primo Alberto.

Camino a Santiago

Puede que mi historia se parezca a muchas otras. Lo que me sucedió aquel día seguro que le ha pasado a muchas personas cuando el destino cambia por azar su trayecto y la confusión y la impotencia aparecen como nuevas formas de sentir antes no experimentadas.

La distorsión de los hechos me llevaron al desdoblamiento de mi propio ser, de mi propia imagen. Me preguntaba continuamente dónde estaba, que me había pasado, que no y a quién le había pasado conmigo.

Antes de aquel fatídico día mi percepción de la realidad era una. Caminaba por la vida llena de proyectos de futuro e ilusiones. Mi juventud era mi mejor aliada y mi afán de superación a lograrlo. Solo pensaba en ello cuando caminaba con destreza e ímpetu, en busca de cualquier meta. Nada se interponía a ello y seguía caminando con satisfacción hasta que, de pronto, apareció un camino paralelo donde se destruía todo en un instante.

Soy de Santiago de Compostela. Mi nombre es María y tengo 29 años. Es fácil, por tanto, entender que el término «camino» es uno de los más nombrados por estas tierras. En verano es cuando la mayoría de las personas quieren realizarlo y soñar con lo que sentirán al recorrerlo.

Cuando el peregrino se sitúa en ese escenario descubre que el camino es idéntico a otro camino; el de su propia vida. No es tan importante la llegada a Santiago que el mismo camino es de por sí altamente gratificante. Al terminar nos recibe una catedral majestuosa, llena de esplendor y vibraciones tanto por fuera, con su impresionante fachada, como por dentro donde aquel primer peregrino al que debemos el nombre de esta ciudad nos espera para darnos las gracias y nos reconforta con su fuerza. Nos trasladamos, necesariamente, al pasado hasta apreciar mejor el sentido y el vínculo que nos embarga a todos.

Comenzar el camino de Santiago es experimentar con gran intensidad el camino de nuestra propia vida. Empezamos con cierta incertidumbre preguntándonos lo que ocurrirá, qué conseguiremos y que no. No sabemos cómo nos sentiremos al finalizarlo e intentamos abrir al máximo nuestros sentidos para poder disfrutarlo plenamente. En este camino, al igual que en el de nuestra vida, nos cruzaremos con personas de las que cuales solo compartiremos un saludo. Otras nos desearán buen camino y quizás otras que ni siquiera nos saludarán, bajando sus cabezas al pasar por nuestro lado. Habrá grupos que nos acompañen durante un corto trayecto para guiarnos hasta algún lugar y otros que compartan gran parte del recorrido. Hasta puede que personas que se unan nosotros compartan el camino hasta el final. Es decisión nuestra conectar con la naturaleza disfrutando de lo que nos ofrece, haciendo una parada en nuestro caminar y dejando fluir los sentidos para conseguir su efecto de armonía. También podemos pasar deprisa sin apenas apreciar nuestro entorno vital y perdernos así una maravillosa experiencia que puede que no nos encontremos nunca más.

Podemos descansar en un albergue cuando consigamos esas pequeñas o grandes metas, relajándonos, dando dimensión de honor a ese logro y compartiéndolo con los demás, o bloquearnos pensando en el camino que nos queda y angustiarnos por el mañana, reduciendo a niveles insignificantes lo que ya hemos conseguido con un recorrido sin sentido y una espera sin ilusión.

Caminando con buen ritmo y erguidos es sinónimo de esperanza, donde la queja no tiene cabida. Nuestros pies pueden estar llenos de heridas, nuestro cuerpo puede que no aguante el dolor pero nuestra mente esta pletórica y con impaciencia por conseguir de nuevo otra pequeña meta. La sonrisa engaña al dolor, pronto lo conseguiremos… Y ¿mañana?, mañana será otro día.

A nuestro paso sabemos que no todo es armonía. Oímos que hay gente que no camina, que está en el camino pero solo para ponernos obstáculos e incluso, como en algunos casos para arrebatarnos la esperanza y con ello la vida, pero aun así tenemos que seguir caminando. Seremos más precavidos, tendremos más señales de alerta disponibles e intentaremos culminar el camino.

Y llegamos a Santiago al fin, con nuestras fuerzas casi extintas. Puede que para algunos sea lo más apreciado, pero para otros el recuerdo del camino habrá sido lo más satisfactorio. El recuerdo de lo que han vivido, lo que han sentido y lo que han compartido con la gente que se han encontrado quizá motivo suficiente para volver otra vez.

¡Volver otra vez! Ese era mi objetivo; volver a mi ciudad, volver a Santiago, a su fiesta el 25 de Julio. Encontrarme con el Santo y encontrarme con mi familia para celebrar, como todos los años, aquel día. Para este encuentro preparé mi viaje con un mes de antelación. Mis exámenes habían acabado y la esperanza de poder trabajar también, así que esperaba aquel día con gran añoranza.

Con la maleta casi preparada recibí una llamada telefónica donde me avisaban de una entrevista de trabajo el 24 de Julio. Por un lado sentí rabia porque me fastidiaba todos los planes y no podría compartir ese día con mi familia y con mis más allegados. Por otro pensé que era un milagro; el milagro de tener trabajo. Me equivocaba. El verdadero milagro estaba por venir.

Mi billete fue anulado y a la hora exacta que partió mi tren mire inconscientemente mi reloj. Pasé el tiempo pensando en la entrevista y en mi futuro trabajo, para el que me habían comunicado que estaba seleccionada y debía incorporarme inmediatamente.

Celebrando mi futuro con los amigos oímos la noticia de un accidente... ¿Un avión a Santiago?. Tenía conocidos que podían ir así que los llamé rápidamente. Entonces me confirmaron que no había sido un avión sino que el accidente se había producido en un tren que llegaba a Santiago, a tres kilómetros exactos en la curva de «A Grandeira». Solo escuché hasta el accidente en tren porque ese era el mío donde yo tenía que ir. ¿Qué había pasado? ¿Había heridos? Al ver las imágenes descubrí que aquello era mucho peor que lo que había imaginado. Había muertos y eran muchos, hasta un total de setenta y nueve. También hubo doscientos dieciocho heridos, pero yo solo me quede con la palabra muerte.

A partir de ese momento mi mente dejo de lado la realidad y empezó a disociar mis pensamientos. Intenté recordar el billete que había comprado, el numero de coche y sobre todo el numero de asiento. Según pasaban los días y las noticias presentaban imágenes trataba de descubrir a que vagón pertenecían. «¡Podía estar muerta!», ese era el terrible pensamiento que se convertía, día a día, en mi realidad. Aquello era una locura. No me daba cuenta de la magnitud del accidente, ni de los fallecidos en aquella curva siniestra. Solo tenía un pensamiento; yo estaba muerta. Nadie lo entendía y todos me llamaban para felicitarme por no haber cogido aquel tren, pero yo no me sentía afortunada.

El tiempo iría suavizando el dolor de las familias de los fallecidos que ya hacían su duelo. Ante tanto dolor, el mío cobraba más intensidad conforme pasaba el tiempo. Solo me interesaba obtener toda la información de ese tipo de trenes. Los buscaba una y otra vez en internet, iba a la estación a la hora que había salido aquel día e intentaba buscarme, porque me visualizaba muerta y tenía que encontrar el lugar exacto. Tenía que encontrarme, presentía que mi asiento pertenecía a los vagones con mayor número de bajas así que estaba entre ellos con toda seguridad.

No tenía miedo de montar en tren e incluso a cogerlo a la misma hora en que partió ese convoy el mismo 24 de julio. De hecho así lo hice, buscándome una y otra vez. Tenía que saber si estaba muerta porque era la única imagen que se repetía en mi mente. ¿Cómo era posible? me visualizaba sacándome de aquel tren muerta, una y otra vez.

Seguía trabajando —ese había sido mi primer milagro— pero el segundo no lo podía apreciar. Era el verdadero milagro, el de estar viva. No lo admitía, solo procesaba mi muerte mientras que mis familiares y amigos daban gracias a Dios por no haberlo cogido. Yo me sentía en otra dimensión, en otro desenlace.

Me dejé de buscar y con ello empecé a darme cuenta de que estaba viva. No podía estar viviendo una vida y por otro lado estar muerta; era imposible. Yo no iba en ese tren. Tenía el billete en mi mano pero ese mismo billete fue anulado y, desde aquel mismo momento, ya no me pertenecía. Ese billete de nuevo fue comprado y, aunque lo tenía en mis manos, también lo tendría la persona que lo compro de nuevo. Exactamente esa era la realidad. Ese mismo billete lo tuvo en sus manos otra persona y esa persona si habría cogido el tren siniestrado. Entonces pensé que tenía que encontrarme con ella y saber lo que le había pasado. Buscar a persona que hizo el trayecto en mi lugar sería complicado y arriesgado.

Mis pensamientos se desplazaron hacia su búsqueda. Tenía que saber lo que le había pasado pero… ¿cómo? Poco a poco, y con ayuda profesional, entendí que mi búsqueda no tenía mucho sentido. Podía incluso conocer de la lista de fallecidos, pero sus familiares no podrían identificar el asiento exacto. Para ellos eso era lo de menos, para ellos la realidad era que su familiar ya no estaba a su lado. ¿Y los heridos? Insistía, para los heridos lo mas importante es que habían sobrevivido al accidente. Posiblemente alguno recordaría dónde iba sentado. Pero claro, no podía llegar y preguntárselo tal cual. Podría llevarles a recordar escenas de pánico, de desolación, angustia y muerte. El asiento era lo de menos para ellos. Lo de más, aquellas escenas dantescas que les marcarían para siempre.

Al año siguiente, María hizo el camino de Santiago, acordándose de todos aquellos que perdieron la vida ese fatídico día, sin importarle donde iban sentados y dando gracias por poder de nuevo volver a su tierra y vivir la mejor experiencia como era el camino de Santiago. Tuvo un buen camino, un maravilloso camino y allí encontró a su actual pareja, porque supo aprovecharlo y disfrutar al máximo de todo que le ofreció el camino mágico de Santiago, encontrando el amor. Y así pudo continuar su camino, el más largo, el de su propia vida.

Reconocer el proceso del duelo

y actuar

Juventud, divino tesoro
¡ ya te vas para no volver!
Cuando quiero llorar no lloro…..
Y a veces lloro sin querer……….

Rubén Darío

Algo que nos ayuda mucho a determinar el nivel de desarrollo del proceso de duelo, dentro de nosotros, son los sueños. En las primeras etapas no es infrecuente padecer pesadillas y sueños angustiosos relacionados con el sufrimiento, la agonía y el momento mismo del óbito. Más adelante esta angustia se va atenuando al mismo ritmo al que se van serenando en nosotros los efectos del primer impacto y tendemos a soñar con la persona amada en situaciones más felices. En nuestros sueños compartimos vivencias con ella incluso en épocas lejanas de nuestra vida. Se trata de sueños reconfortantes que reavivan expresiones de amor. Entonces despertamos con una sensación placentera.

Esta clase de sueños no son síntoma de haber alcanzado la fase final de aceptación. Por el contrario forman parte del proceso porque aún no hemos conseguido interiorizar la perdida por completo. Será cuando el ser amado aparezca en nuestros sueños en un escenario en el que tengamos conciencia de que ya no nos acompaña, en aquellas situaciones en las que le hablamos pero no nos contesta, en las que aparece dándonos la espalda o en escenarios irreales tales como un lugar de fondos blancos o bañados en una luz irreal, sueños en los que nos resultará imposible alcanzarlo pese a nuestros denodados intentos. Son sueños en los que no necesariamente lo veremos muerto. No será la visión angustiosa de las primeras pesadillas. Se trata de sueños serenos en los que tenemos conciencia de que ya no se encuentra a nuestro lado; solo estos sueños serán los que identificarán la fase de aceptación.

¿Cuáles son, por tanto, las acciones y actitudes que nos ayudan a superar el proceso de duelo?

En las primeras fases predomina el recuerdo mórbido, trufado de imágenes de sufrimiento relacionadas con el acto mismo de la muerte. Estos recuerdos deben dar paso a otros más felices. Deberemos empeñarnos, entonces, en rememorar los momentos de felicidad compartida ayudándonos, por ejemplo, de fotografías y películas caseras y describiendo por escrito aquellas circunstancias que cimentaron nuestro amor hacia esa persona. Hay que atraer a nosotros recuerdos positivos dejando gravitar a nuestro alrededor las emociones más gratas del ser amado: sus canciones y películas favoritas, aquellos objetos a los que se sentía mas ligado… Su presencia en nuestro pensamiento va a ser persistente durante las primeras etapas. Esforcémonos, por tanto, en que esta presencia sea positiva, que se oriente hacia aquellas vivencias felices compartidas en común.

Flores en la maceta

Hace cuatro años que murió nuestro hijo de leucemia. Me cuesta decir esa palabra, sobre todo porque se lo llevó la parca con tan solo veinticuatro años, al igual que a muchos jóvenes que compartieron con él su paso por las mismas pruebas: los mismos diagnósticos y el mismo pronóstico. Todos lucharon, sacaron fuerzas, mantuvieron un excelente estado de ánimo —como decían las enfermeras— ¿Por qué a ellos? Eran deportistas, fuertes, alegres, inteligentes, con proyectos de futuro, siempre con una sonrisa, hasta el último día de sus vidas… ¿Por qué a ellos?.. Y ¿Por qué a él? Eso es lo que llevo preguntándome desde hace cuatro años sin encontrar respuesta. Solo me queda su sufrimiento, la agonía final, su trasformación, su desesperanza, que ahora parece ser la mía o por lo menos parece que la estoy buscando. Siempre que tengo voy a hacerme alguna prueba médica llevo mi propio veredicto; el diagnostico mas negativo, la sentencia implacable y final. Pero éste no llega nunca y tengo que seguir viviendo con esta absoluta desolación e intentar, además, animar a todos los que siguen a mi alrededor. Mis padres siguen a mi lado pero ya no tienen a su nieto. Mi hermana sigue a nuestro lado pero sus hijos y ella no tienen a su sobrino ni a su primo. Yo sigo al lado de mis padres, caminando con gran esfuerzo en la vida, con mi marido… pero no tenemos a nuestro hijo, aquel bebe tan expresivo, rubio, con aquellos ricitos que iluminaban su cara redonda resaltando su boca y aquellos ojos que destellaban vida pero que años más tarde emanaban tristeza, rabia en algunas ocasiones —muy pocas— cuando se resistía a dejar sola a su novia, a su familia, cuando se resistía a dejar su vida. Mucho sufrimiento, demasiado sufrimiento para un joven como él, lleno de energía e ilusiones, con un camino muy largo por recorrer plagado de metas, algunas ya cumplidas como su licenciatura en periodismo y su reciente trabajo en la ciudad de Roma.

Por desgracia, sus encuentros con los hospitales no habían sido recientes. Sus visitas comenzaron en su más tierna infancia, casi de forma continua. Un problema en las piernas le impedía jugar y moverse al mismo ritmo que los demás niños. Lo cierto es que a él parecía no disgustarle, siempre con aquella sonrisa se quedaba conforme en la arena sentado, jugando a lo primero que se le ocurría mientras sus amigos habían decidido cambiar el juego y empezar a correr por el parque. Lo aceptaba de buen grado, sin resignarse. Nunca lloraba al observar a los niños ir detrás de la pelota pero a mí como madre me impedía actuar con la misma normalidad que las demás y él lo sentía. Yo trataba de transmitirle que era no diferente y esa fue su eterna lucha; gritar que no se sentía diferente. Ahora pienso que no soportó nunca mis miradas, a veces tristes, otras angustiosas, buscando aquella cara de niño bueno; el niño más bueno del mundo.

Fue y siguen siendo mi obsesión las numerosas citas con los médicos. Aquellas interminables radiografías formaban parte de nuestras actividades cotidianas, además de las operaciones, las rehabilitaciones… Nunca paré ni un momento de investigar por mi cuenta y siempre iba más allá del diagnostico médico. No me bastaba cualquier explicación. No me tranquilizaba, quería saber más e ir más allá. «¿Seguro que está todo bien?», preguntaba compulsivamente y nunca me creía del todo lo que referían de su situación. Nunca me sentía segura, he de confesarlo, y aquello me desbordó hasta que mis predicciones fueron reales, pero ni siquiera eso me llevaría a conseguir una aparente tranquilidad. Nunca volvería a sentir nada parecido a la tranquilidad. La duda y la no aceptación siguen persistiendo, incluso ahora, a pesar de que Mario, mi adorable hijo, ya no sea ese paciente que observar. Ahora esa duda, esa obsesión la encuentro en mí. Yo soy ahora esa diana que espera ser acertada en algún momento para sufrir como él, quizá por no haber sufrido como él. A lo mejor por el recuerdo de su inmenso sufrimiento, que sigue martilleando mi mente y no deja paso a otros recuerdos donde esa tranquilidad, armonía y felicidad existieron alguna vez.

Duró poco el ritmo normal de la vida y tras aquellas largas operaciones alcanzó su momento álgido. La insistente identificación con los demás era algo que solo a mí me hacía sucumbir, no apreciando que Mario lo había conseguido mucho tiempo atrás. Tenía mi hijo muchos y muy buenos amigos con los que salía y se divertía. Estudió la carrera con notas brillantes y encontró a su pareja ideal con la que llegó a vivir algún tiempo en Roma, esa ciudad llena de recuerdos buenos, alegres y llenos de luminosidad que yo me encargaba de ensombrecer con una simple mirada; la mirada que esperaba encontrar los rasgos de una alarmante enfermedad. Su frase y su expresión trasmitían su incomodidad: «No te preocupes tanto, deja de mirarme así. Estoy bien, me encuentro estupendamente y soy feliz, ¿no te das cuenta?», me sacudía tras sorprenderme en trance, mirándolo. Aquellas palabras eran retenidas en mi mente muy pocas horas. Creo que cuando aterrizaba comenzaba de nuevo la duda y la sensación de impotencia de no verle a tiempo, de no poder detectar cualquier signo, cualquier rasgo que me pusiera inmediatamente a indagar en internet qué le estaba pasando y cómo deberíamos enfrentarnos a la enfermedad, así como las diferentes alternativas para su recuperación, si es que la tenia, claro. Se lo explicaba a su novia pero ella empezaba la vida con él y no quería escuchar nada de eso. Ella no estaba alerta, estaba disfrutando de Mario tal como era: su chico divertido, trabajador y enamorado que disfrutaba con todo lo que tenía a su alrededor en la ciudad más hermosa.

Fuimos a verle varias veces y él nos visitó otras tantas pero en la última, encontré lo que buscaba, lo que me aterraba y a la vez no quería encontrar. Sus labios me llamaron la atención por su color. Un color que nunca antes había apreciado. Solo le comenté que debería hacerse un análisis para ver si estaba todo bien. Sabía que la respuesta iba a ser la misma de una y otra vez: «No te preocupes mama, estoy bien. Bueno, vale, me los haré para que te quedes tranquila».

Poco tiempo después, la amenazante alerta que me invadió durante tantos años se hizo realidad. Por supuesto no encontré la tranquilidad como pensaba y aquello se convirtió en un infierno donde luchábamos sobre todo los dos —ahora reconozco que lo hicimos todos—, pero yo era la que siempre estaba avanzando más deprisa en aquel campo de batalla tan duro. Había ido por delante durante todos estos años y en este momento corría mas deprisa que todos los que estábamos hundidos por su enfermedad. Ellos me dejaban y yo no les dejaba a ellos. No los esperaba, cada uno lo asimiló de una forma, con un tiempo y a su manera, pero yo deseaba que fueran a mi compás. Solo logré una actitud común; que todos se sintieran culpables por no estar en alerta constante como yo les indicaba. Como si mis palabras no hubieran sido oídas por ninguna de las personas que estaban a su lado. Nunca me di cuenta hasta ahora de cómo les hice sentir. A mi marido, su padre el primero, por no acompañarme en mi sufrimiento —no real entonces— y sí en el presente. A mis padres y a mi familia en general por no observar mas allá en el rostro de su nieto. A su novia por no estar atenta a cualquier señal y a todos por haber llegado tarde a descubrirlo. No entendía que yo no lo hubiera descubierto porque siempre lo había estado buscando y siempre pensaba que podía estar ahí, aún sin estarlo.

Su capacidad de adaptación era inmensa y su lucha por vivir también: «Vamos a vencerlo, mamá», me insistía.

Sin dejar su sonrisa a un lado luchó y luego, tras el trasplante de médula, todo volvió a normalizarse. ¡Había salido de aquello! ¡Lo había conseguido! Todos estaban alegres. Bueno, todos menos yo, siempre alerta. Mi estado de atención máxima no se quedo parado. No podía bajar la guardia. Había pasado por algo muy grave y seguro que esto no terminaba aquí, pero seguro.

Yo seguía visitando a todos los médicos. Tenían que explicarme qué había pasado pero ni ellos lo sabían. Solo se alegraban de su recuperación y me indicaban que yo también debería hacerlo. Sin embargo, ese maldito sentimiento era más agudo a pesar de que le veía de nuevo lleno de vida.

Poco tiempo después ya no le importaba que le observara. Creo que él también lo intuía pero no me hablaba. Ya no me decía «no te preocupes, no me mires tanto, todo va bien»… y eso me empezó a preocupar más aún. Y así hasta que un día la enfermedad volvió para no irse jamás. Y lo peor es que ahora le había dado de pleno y ya no le quedaban fuerzas para luchar. Le recuerdo aquella última nochebuena, sin apenas poder moverse, sin poder esbozar una mínima sonrisa pero intentando jugar a no se qué con toda la familia. Unos días después volvió al hospital y esta vez no salió. El día de Reyes, su compañero de habitación partió y Mario al siguiente. Ya no le veía sufrir, pero la invasión de su sufrimiento quedo impregnada en todos mis recuerdos de una forma imborrable y cruel.

Deje de creer en Dios (ahora no creo en nada). No quise que se acercara ningún sacerdote, ni quise que rezaran por él. Todo fue muy rápido. La despedida fue tan fugaz que no me di cuenta de que era su despedida.

Al día siguiente, llena de ira, volví al hospital. Tenían que darme una explicación, decirme qué había pasado ahora si se encontraba hace unos meses bien y recuperándose. No dejaba de hacerme la misma pregunta y quería la solución. Sin darme apenas cuenta de que Mario se había ido para no volver, que no había una solución… no dejaba de consultar a los médicos en ese estado de alerta que me seguía acompañando sin ser consciente que él ya no estaba entre nosotros. Mi marido solo lloraba. Accedió a acompañarme la primera vez que visité al médico después de su partida, pero más tarde dejaría de hacerlo porque no entendía mi actitud reiterativa: «¿Para qué?, —me decía— Mario no está ¿qué vas a conseguir?. Los médicos no pudieron explicarte su recuperación, así que no podrán explicarte ahora su muerte». Aquella necesidad de obtener una explicación duró todo un año. Mientras tanto yo seguía fuerte; tenia que seguir fuerte por mi hijo y tenía que estar a su lado protegiéndole, como cuando era niño. Tenía que encontrar el diagnóstico de nuevo…no sé, algo que me mantuviera como antes, algo por lo que pudiera luchar como lo había hecho durante veinticuatro años. Pero lo cierto es que no me daba cuenta de que Mario no estaba detrás de todo aquel ir y venir por los hospitales, que estaba sola y que no aceptaba su partida empezando por el propio duelo. Los demás si lo habían hecho y yo seguía sufriendo por la incertidumbre, seguía sufriendo por su propio sufrimiento y esto es lo que invadió mi mente; su propio sufrimiento. Hoy me cuesta recordarle en los momentos más felices de su vida, de los que muchos también pertenecen a la mía. Solo tengo recuerdos de aquellos días que recorríamos los pasillos de los hospitales y de la habitación de su último hospital, donde presencie la desaparición de su eterna sonrisa. La desaparición de su expresión tranquila, la desaparición del color de sus ojos, la desaparición de su lucha, la desaparición de su vida me aterraba y me enfurecía.

Pasado un año de su muerte, observé una situación extraña. Resulta que en casa había una maceta a la que, como muchas otras cosas, no había prestado atención. Aquel día sí me di cuenta de que algo que estaba marchito había empezado a florecer inesperadamente. Hacía tiempo que no me ocupaba de ella. La veía, claro, de paso, pero no reparaba en la pobre maceta abandonada a su suerte. Ese día, justo un año después de la muerte de Mario, las flores del tiesto, sin apenas ningún cuidado, estaban en todo su esplendor. Era mucha coincidencia; demasiada, pero lo que estaba viendo era real. Quedé impactada por la repentina aparición, pero sobre todo por la fecha en que se produjo su renacer. Pensé que podía ser una señal y que Mario me saludaba a través de ella. No lo sé, pero a partir de ese momento creo que se produjo un cambio en mi forma de actuar. Sentí más tristeza que nunca. Entré en su cuarto, al que siempre trataba de evitar, me senté en su cama, la que en sus últimos días había vuelto a utilizar después de abandonar Roma, de abandonar su trabajo, su vida en pareja, su futuro. Aquella cama en la que volvió a ser un poco aquel niño que necesitaba cuidados , atención y mimos. Me embargó su recuerdo y decidí abrir su armario para buscar en las estanterías sin saber que me iba a encontrar. Así fueron apareciendo fotos, cuadernos de su paso por el colegio, por la universidad… Había también juegos, discos y un sin fin de objetos y documentos que ya no tenían dueño, pero que representaban toda una vida; la vida de mi hijo. Entre aquellos documentos faltaba uno: el de su licenciatura, que nos fue dado por el decano en su nombre meses después. No sé quién estaba controlando más la angustiosa situación si él o nosotros. Fue una experiencia contradictoria; por un lado la alegría de su esfuerzo y la realización de sus logros estaban en nuestras manos. Por otro, las manos que procesaron ese logro no debían haber sido las nuestras sino las de su propio autor. Nosotros compartiríamos con él la felicidad de haberlo conseguido pero ahora no podíamos compartirlo y solo podríamos admirar sus resultados.

En aquella habitación permanecí poco tiempo. No podía contener el llanto a medida que descubría más signos de su vida. Los recuerdos me ahogaban y, sin embargo, no me daba cuenta de los recuerdos que mantenía en mi memoria, esos sí que me estaban ahogando continuamente. Su sufrimiento y los últimos días del hospital seguían persiguiéndome. Intentaba recordar situaciones divertidas, recordar aquella sonrisa, pero duraban muy poco los pensamientos buenos. Inmediatamente, y tras una leve sensación de alegría, a mi rostro volvía el sufrimiento eterno, infinito.

Habían pasado ya tres años y en los tres el resurgir de las flores se hacían notar, siempre en la misma fecha. Sin duda era mi hijo, pero… ¿Por qué todavía persistía la agonía y el sufrimiento como si hubiera sido ayer? Todas las navidades recordaba las fechas según las entradas al hospital: su última nochebuena, su vuelta definitiva a la habitación blanca de aquel lugar siniestro, su partida… No encontré el apoyo que esperaba en nadie a mi alrededor. Ni siquiera en su novia, que ahora salía con el mejor amigo de mi hijo. Al cabo del tiempo me di cuenta, de que cada vez que la veía solo me recordaba aquellos meses últimos. Puede que ella estuviera intentando olvidarse precisamente de esos meses y de esos días, pero mi mente solo se había focalizado en un recuerdo imposible de borrar: el de su sufrimiento, paso por paso. No podía alejarlo pero las flores, aquellas flores olvidadas, tenían que significar algo. Era pura vida que renacía de la nada y eso debería hacer yo. Tendría que seguir viviendo sin él. Tendría que pasar el resto de mi vida sin volver a sentir ni siquiera un abrazo suyo. Tenía que aceptar que él estaba conmigo de otra forma… ¿Me lo estaba diciendo a través de aquella maceta?

¿Qué más me hubiera dicho mi hijo?«Disfruta, viaja, vive, no tengas la espada ahora encima de ti, esperando el momento aciago como hiciste conmigo. El destino—tu destino— tiene un día, pero no te obsesiones por él, ya vendrá». Durante el primer año recorrí todos los médicos posibles buscando una explicación de la enfermedad y el sufrimiento de mi hijo, pero en los años posteriores es verdad que la alerta la desplacé hacia mi persona. Cada vez que tengo que hacerme análisis pienso en lo peor. Cada vez que tengo que realizarme alguna prueba no duermo esperando la nefasta noticia. Ahora que me está pasando a mi entiendo cómo se sintió mi hijo cuando era él el destinatario de los resultados. Ya es tarde para explicarle lo que poco a poco he ido entendiendo. Tenía miedo por él. Tenía un miedo irracional a que sufriera; tenía miedo a perderle y lo perdí. Perdí, al final de todo, a mi único hijo.

Cuanto más entiendo mi comportamiento comprendo mejor el que mantuve con Mario. Esto no me quita la culpa ni la pena de su sufrimiento, claro. Solo quería protegerle y solo quería su bienestar, pero aquello se convirtió en una obsesión y ahora sé que mi hijo no quiere verme sufrir. Sus flores me lo recuerdan todos los años: «¡Tienes que vivir!».

A partir de ese inexplicable resurgimiento en aquella abandonada maceta, soñé con él. Pero no con su sufrimiento. Era un sueño muy claro. Mario estaba a los pies de mi cama. Lo veía tan real que casi podía tocarle. Fue tal mi sorpresa y mi asombro que solo pude mirarle. No le pregunté nada; no me hizo falta, pero oí muy claramente que me dijo: «MAMÁ ESTOY BIEN».

Un año mas tarde parecía que mi estado de alerta había disminuido, para mi gran satisfacción. Mis revisiones eran algo más rutinario y no fuente de visiones nefastas y alarmantes. Había dejado de fumar, ¡por fin estaba haciendo caso a Mario!: «Cuídate», le oía decir cada vez que encendía un cigarro. Intenté viajar más asiduamente y conocer lugares y paisajes nuevos a la vez que podía integrarme en lo que me ofrecía el arte o la naturaleza, reconociendo los enigmáticos sonidos, la radiante luz del amanecer o del atardecer y los matices de colores que desprendían el mar y los océanos. También los que plasmaban renombrados artistas para poder ser admirados por millones de personas durante siglos, enseñándonos las costumbres de otras épocas, su forma de vida, su arquitectura, sus valores, y su manera de percibir y trasmitir emociones.

En mi recorrido repetí un lugar al que no quería volver; Roma, por supuesto. Las calles por las que paseaba con Mario, sus lugares favoritos, sus restaurantes favoritos, su casa, el edificio donde trabajaba, el aeropuerto donde nos despedimos tantas veces con la satisfacción de saber que pronto volveríamos a encontrarnos… Esta vez sin compartir con él la ciudad eterna; solo con su recuerdo.

Hace pocos días he vuelto a soñar con él, notando su voz tan cerca que parecía real y sin querer que terminara el sueño, él me repetía: «Mamá estoy a tu lado. Vive la vida. Yo te apoyo y te apoyare siempre».

La última esperanza

Vengo del entierro de mi madre. Tosco, mi perro, es ya el único que me recibe al llegar a casa. Creo que esta vez le ha afectado más de lo normal otro entierro. Parece muy quieto. Es posible quela tristeza le esté invadiendo y casi no pueda moverse. Lo colocaré en su cama.

Ahí esta plácidamente, mañana lo sacaré. Las anteriores veces, las anteriores perdidas parecía menos afectado que ésta: No tenías muchas ganas de moverse, no quería jugar, ni apenas comer, es cierto, pero no esa falta de movilidad casi total como ahora… ¿las otras veces?.. Hace diez años se murió mi padre, pocos años después mi hermano y ahora mi madre. Las veces anteriores siempre volvía con alguien, algún miembro de la familia me acompañaba. Esta vez vuelvo yo sola. Es posible que lo intuya. Puede ser que al no ver a nadie más que a mí piense que pronto volverán o puede que sepa que ya no volverán definitivamente. Son difíciles los tiempos que nos toca compartir a los dos, donde la tristeza y la melancolía serán nuestros próximos invitados.

Lo intentaré de nuevo. Parece que se resiste a levantarse pero necesita salir. De nuevo me llevo por respuesta una negativa. Me dispongo a no olvidarme de mis actividades cotidianas, entre ellas, sacarle a las horas ya fijadas durante tantos años y así lo haré, con la correa entre mis manos y no en su cuello me voy a dar el paseo. Absorta en mis emociones de tristeza y desamparo, recorro los puntos habituales mientras que los demás perros se extrañan de la ausencia de Tosco y se acercan como preguntándome donde esta su compañero de juegos. Nada me hace reaccionar. Pienso en mi madre, que ya no está, pero también pienso en mi hermano y en mi padre. No me queda nadie, solo Tosco, y en este angustiado día también me da la espalda.

Sentada en el banco habitual solo puedo llorar. Soy incapaz de pensar qué es lo que lo que debería hacer acto seguido: ir a la compra, ¿para quién?, limpiar, ¿para qué?, lavar la ropa ¿de quién? Me gustaría tanto quedarme dormida en el banco y despertarme años atrás… cuando todavía tenía a mi lado a mi madre e intentábamos superar la perdida de nuestros dos seres mas queridos; la perdida de la mitad de nuestra familia. Hablábamos a menudo sobre ello. Me contaba anécdotas de cuando éramos pequeños, las travesuras de mi hermano, de cómo conoció a mi padre, su noviazgo marcado por la época de los años 40 y la posguerra en un Madrid arrasado por la guerra. Su miedo a que aquello pudiera volver a suceder, su miedo a sentir de nuevo miedo, a sentir hambre, frío, el ruido de las bombas cercanas, las sirenas, la alerta constante de un ataque y la impaciencia por refugiarse en aquellos hacinados pasadizos del metro, las miradas de pánico y auxilio a su lado, la incertidumbre del destino de un hermano en un campo de concentración. Acontecimientos que imprimieron su carácter, sus valores y su temor a vivir en mundo frágil que en cualquier momento pudiera derrumbarse.

No eran precisamente historias de príncipes y princesas pero eran parte de una vida que yo compartí con ella hasta el final. Ella encontraba la seguridad a mi lado y yo al suyo. ¿Y ahora? ¿Dónde la encontraré? Por supuesto que con Tosco no sería lo mismo, pero tendría alguien a quien querer y atender; era tan cariñoso el pobre... Recuerdo su llegada, aquel cachorrito, como una bola de lana blanca que incitaba a acariciarle, con los ojos chispeantes que con su mirada adivinabas su demanda, moviéndose circularmente y queriendo siempre jugar. Saltaba sin cesar cuando abrías la puerta y ¡no te dejaba dormir la siesta! Tampoco te dejaba estar triste, percibiendo tus estados de ánimo al momento, acaso antes de que tú mismo los percibieras. Tosco ha estado mucho tiempo con nosotros. Ahora ya no es tan inquieto pero sigue sin dejar que me hunda en la tristeza, siempre a mi lado.....

Ensimismada en mis pensamientos y con la correa entre mis manos me di cuenta de que los demás perros ya no estaban revoloteando a mi alrededor. Me incorporé despacio. Estaba cansada emocional y físicamente, agotada después de los meses pasados en el hospital, día y noche a los pies de la cama de mi madre, mientras el fin se detectaba en su rostro. Aunque yo no lo veía, los familiares y amigos lo intuían. Siempre anhelaba el día en que le dieran el alta para volver a casa. Había que preparar la Navidad y aún no habíamos comprando nada, pero en Nochebuena estábamos todavía allí. ¡Qué noche tan amarga! Era una noche como todas las anteriores en esa agobiante habitación. Los mismos horarios, las mismas comidas, solo imágenes discontinuas en la televisión informaban que era Nochebuena. Fragmentos de villancicos así lo indicaban. Si teníamos suerte saldríamos antes de fin de año y por fin dejaríamos el hospital para volver a nuestra casa con Tosco. ¿Tosco? No desconectaba de un oleaje de pensamientos desencadenantes, de sentimientos que formaban ya parte de una etapa muy lejana (o eso parecía). Solo habían trascurrido dos días. Sí, solo dos días. Acababa de empezar el año y la Nochevieja ya no estábamos en el hospital; ninguna de las dos. Ella no volvió a casa finalmente. La navidad era un recuerdo sin recuerdo. El comienzo del año era un año sin comienzo y yo permanecía sentada en el banco. Apenas notaba el frio del invierno ni sentía correr la sangre por mis venas, pero aquel parque, ya vacíó de perros y transeúntes, me alertaba de que seguramente era muy tarde.

Volvería a por Tosco. Había pasado casi un día sin salir y seguro que tendría ganas de hacerlo y yo de verle. Le abrazaría, sería de momento mi consuelo. Él sabía lo que estaba sintiendo yo, y yo lo que sentía el.

Al entrar me encontré con una casa muy vacía. La ausencia de sonidos, de voces, así me lo advertían. ¿Cómo podría soportarlo? El vacío que había dejado mi madre intensificaba aun más el vacío de mi padre y de mi hermano.

«Vamos Tosco, necesitas salir», le dije. La correa seguía en mis manos y ahí estuvo durante no sé cuánto tiempo. Al acercarme a su cama, Tosco no estaba inmovilizado ¡estaba muerto!, ¡se había ido también! No pudo soportar ese vacío y ni siquiera estuve a su lado para despedirle. Las lágrimas recorrían por enésima vez mi rostro. Ya no sabía por quién lloraba: por él, por mi madre, por mi hermano, por mi padre, o por mí. La soledad era ya una sentencia y a partir de ese instante empecé a caminar sola por el mundo y a vivir recordando aquellas largas conversaciones con mi madre sin que nadie, ni siquiera Tosco, saliera a recibirme. Seguro que la vida me tiene preparada alguna buena sorpresa y todos ellos, mi anhelada familia, me seguirá ayudando y protegiendo. Estoy segura.

Un encuentro inesperado

Mi embarazo se desarrolló de manera normal. Era el segundo hijo y de nuevo sería niño; estaba muy contenta y feliz, deseando verle la cara. Para el mayor teníamos el nombre antes incluso de que naciera, pero para éste aún no habíamos pensado en ello y ya faltaba poco para el parto. Cuando lo tuviera entre mis brazos sabría como llamarle.

El día del parto llegó pronto y, como hasta ese momento todo se presento con normalidad, cuando el parto se complicó de repente me vi rodeada de médicos y enfermeras. Oía palabras inconexas que iban perdiendo tono de forma rápida. Todo me daba vueltas, y... todo se volvió blanco cuando una luz intensa ya era lo único que veía. De repente reconocí la voz y la figura de mi padre que me decía: «Hija, estoy aquí para ayudarte.» «¿A llegado mi hora papa? ¿Voy a morir?», le pregunté angustiada. «No, cielo. El parto se ha complicado, pero cuando despiertes verás que tienes un niño precioso».

Lo veía perfectamente y solo me faltaba tocarle. Quería hacerlo pero mis fuerzas me fallaban, alcanzarle me era imposible. Mi padre seguía a mis pies hablándome: «Te quiero mucho hija mía. Me has hecho muy feliz dándome estos dos nietos preciosos. Siempre he estado a tu lado pero esta vez me lo suplicabas con más ímpetu y tus plegarias se han hecho realidad. No te preocupes, estoy a tu lado. Cuando llegue tu hora notarás como mi mano se extiende hacia la tuya y te llevaré conmigo. Hoy no es ese día y solo estoy acompañándote y ayudándote a que vuelvas para encontrarte con tu bebe. Él te espera y te necesita, ahora no lo puedes abandonar. No puedes dejarle crecer solo y estarás con él mucho más tiempo, acompañándole en todas sus etapas. Te reconocerá y empezará a llamarte mamá muy pronto. Le acompañaras en su primer día a la guardería y en su primer día al colegio, disfrutando cuando te presente a sus compañeros, a su primera novia… Cuando esto ocurra ya no le llevaras de la mano y mucho menos cuando aparezca con su título universitario deseando enseñártelo. Pero siempre te necesitará a su lado porque eres una mujer extraordinaria: fuerte y cariñosa. Él ya lo sabe y te está esperando para reconocer tu delicada mirada y tu rostro afable, siempre desbordante de afecto. Te espera para que lo envuelvas tiernamente entre tus brazos y le administres suavemente tus incontables besos. Tienes que regresar a su lado, tienes que ir a su encuentro, conocerle… Tu niño está desando darte su primera sonrisa y su primer llanto, que también significa vida. Adiós mi niña, no te preocupes por mí. Estoy bien. Te esperaré y siempre estaré pendiente de ti. Te quiero. ¡Despierta! ¡Vuelve ya! ¡ Vuelve con él!.», fue todo lo que me dijo mi padre amado antes de desvanecerse en la luz de la ventana.

«Adiós papa», le respondí extendiendo la mano como tratando de alcanzarlo. Su rostro fue desapareciendo, como digo, y mientras sus palabras también lo hacían, al unísono, embargándome una sensación gratificante mezclada con la sorpresa y su reencuentro. ¿Había sido un sueño?, ¿una aparición? Mi padre nos había dejado hacía más de diez años y nunca olvidaré sus últimas palabras en el momento de partir. Las mismas que acababa de escuchar hacía solo un instante, reflejando en su mirada la proximidad de su último adiós: «Te quiero».

Ahora ya tenía nombre para mi niño. Se llamaría Luis, como él. No tenía ninguna duda. Quizá su nombre estaba esperando a que ocurriera aquella aparición. Por fin lo tenía entre mis brazos, ¡era un bebe precioso! Algo detectaba en su mirada que me hacia recordar a mi padre, al que había visto apenas unas horas. No podía desprenderme de aquella sensación tan cercana, de ese sueño. No sabía lo que había pasado pero la imagen de mi padre estaba en mi mente grabada con tal fuerza que era imposible desprenderme de ella. Ni siquiera pensé en lo que había sucedido durante el parto y ni siquiera me importaba. Fuera lo que fuera, el hecho de reencontrarme con él merecía la pena. No detectaba ninguna anomalía física en el niño, aunque era evidente de que la complicación tendría una causa y tarde o temprano un efecto, si es que no lo tenía ya, pero debía ser indetectable de momento para mí, sumergida en tan extraordinaria experiencia. El reencuentro con mi padre me había colmado de manera tal, que lo acontecido en ese intervalo de tiempo era irrelevante. La realidad presente me ofrecía estar con mi niño y mi padre me había salvado —así lo presentía— a mí y a mi niño, Luis, al que me encantaba llamarle una y otra vez porque al repetir su nombre se evocaban las dos imágenes que se mezclaban; la de mi pequeño y la de mi padre.

Después de pasados dieciocho años, cada vez que nombro a mi hijo reaparece con mas fuerza la presencia de mi padre. Aquel día marco el resto de mi vida y no puedo evitar atender y participar en aquellas conversaciones donde se comenta que no hay nada después de la muerte. Yo lo vi, yo estuve hablando con él y me ayudó en aquellas horas difíciles y ahora sé que está a mi lado aunque no lo vea. Siento su presencia y espero que pase mucho tiempo hasta que me extienda de nuevo su mano.

Faltan dos días

Mi hija se había marchado a Londres para estudiar y trabajar. Hacía casi un año que no la veíamos pero solo faltaban dos días para que nuestra visita se hiciera realidad. Nuestro vuelo con destino a Londres saldría en dos días y ese era el tiempo que me faltaba para encontrarme con ella. Excitada por el reencuentro, pasaba revista una y otra vez a la enorme maleta que estaba ocupada en su mayor parte con ropa y objetos para ella. Hasta ahora solo tenía sus cartas, que releía de manera constante todos los días. También algunas fotos que me hacían partícipe de los lugares que frecuentaba, de sus nuevos amigos y de pequeñas pinceladas de lo más significativo de su nueva ciudad. Apenas habíamos hablado un par de veces por teléfono y en sus conversaciones trasmitía un tono alegre y tranquilizador. Yo estaba deseando verificar que era verdad y apreciar, con mis propios ojos, que le iba bien en aquel sitio tan lejano que no conocía y que solo me faltaban dos días para poder hacerlo.

Mercedes era la segunda de seis hermanos pero solo ella había sobrevivido a todos mis hijos. Los demás, o habían nacido muertos o tardaban pocos días en morir. Según los médicos, aquello se debía a un problema en la sangre que yo les trasmitía. Hace cincuenta años aquello parecía no tener solución; hoy en día seguro que hubiera sido distinto y alguno de mis hijos permanecería con vida.

Creo que se crió en la continua ilusión de tener un hermanito y en la continua frustración de que no se hiciera realidad. Añoraba a todos sin conocerlos, sobre todo a su hermana mayor a la que tampoco había conocido pero de la que tenía mas referencias, pues permaneció con nosotros un poco mas de tiempo y a la que bautizamos con el nombre de Yolanda.

El duro destino lo había planeado así. La despedida de cinco hijos y el duelo de todos marcaba, sin quererlo, nuestra existencia. En aquel ambiente creció Mercedes, con muchas referencias de una familia numerosa ausente.

A los veintidós años decidió partir a Londres para estudiar y a la vez trabajar en casa de una familia cuidando niños, dejando en un lapso sus estudios universitarios, que más tarde retomaría. A su novio —con el que llevaba saliendo un par de años—, a su abuela paterna —a laque adoraba—, a sus amigos, a su familia y a nosotros, sus padres, también nos dejó aquel año.

Se marchó echando un órdago a la suerte, sola en un barco destino a Portsmouth, y con su moto, el barco partió de Santander a la vez que su nueva vida. No pensó en los posibles peligros que se presentarían a su paso. Ni siquiera se detuvo una vez en mirar atrás; su decisión estaba tomada y se sentía impaciente por empezar esa nueva aventura.

Era la primera vez que navegaba, la primera vez que salía de España, la primera vez que estaría fuera de su casa. Fue duro despedirse de todos pero mucho más despedirse de nosotros, sus padres. Ella buscaba una nueva vida y mi marido y yo nos quedábamos sin el motor de la nuestra. No podíamos prohibir sus sueños, es verdad, pero sí sentir que los nuestros perdían fuerza.

Y así partió, un día de febrero frio y lluvioso. Sus ojos y los nuestros no pararon de derramar lágrimas, aunque los nuestros permanecieron ojerosos durante mucho más tiempo. En sus cartas nos describía cómo se adaptaba a aquel mundo y a aquellas costumbres que, en el año 1987, poco tenían que ver con las nuestras. Desde su llegada a puerto todo fue diferente. Debería recorrer el camino hacia Londres en su moto y, para empezar, los parámetros de izquierda y derecha ya eran fuente de equivocación y estrategia. Al final lo consiguió y llego a su ciudad soñada, sana y salva.

El trabajo con la familia fue más duro de lo que ella pensó. Su falta de fluidez con el idioma lo complicó aún más. Sin pensar en ningún momento en dar marcha atrás, se apuntó a una academia de inglés y, poco a poco, se fue adaptando al idioma. No así a la casa familiar, de la que tuvo que marcharse buscando acogida en otras. Al no encontrar nada, se dedico a realizar diversos trabajos ninguno parecido a los que había soñado, aunque sin importarle el tiempo dedicado a ello, ni los múltiples cambios de una casa a otra, de un lugar a otro. Por el camino se encontró a personas que más tarde consideraría amigas y siempre se mostraba alegre y con ánimo para salir adelante. No sabía el tiempo que iba a continuar su aventura pero su pensamiento no se permitía programar ni establecer ninguna fecha límite para su vuelta. Aquella aventura todavía no había terminado y tenía que continuar disfrutándola.

Ya habían pasado los dos días. Su padre y yo nos encontrábamos con las maletas en el aeropuerto, preparados para el encuentro con nuestra hija rumbo a Londres, nuestro destino. Durante el trayecto fuimos con las manos unidas, pues a mi marido no le resulta grato viajar en avión. Estábamos absortos en nuestros propios pensamientos, dirigidos a aquel encuentro inminente y cada uno lo imaginaba a su manera… ¿La reconoceríamos?, ¿estaría más delgada?, ¿comería bien?, ¿dónde estaría viviendo?, ¿tendría buenos compañeros?, ¿dónde trabajaría?, ¿la tratarían bien?, ¿sería feliz?... Pero lo que ansiábamos los dos era poder abrazarla poder besarla; no nos cansaríamos nunca de darle besos. Soñábamos con ello cada día, lo necesitábamos y había llegado, por fin, el momento tan esperado durante tanto tiempo.

Allí estaba, esperándonos. Lo que anhelamos los tres con tanta impaciencia se convirtió en realidad a la salida del avión. Por supuesto que la abrazamos y la besamos. Ella respondió a todos nuestros agasajos emocionales con lagrimas en los ojos, ¡igual que nosotros! No paraba de hablar, contándonos cada detalle de su aventura en esa ciudad: los lugares a los que nos llevaría al día siguiente, los museos, su lugar de trabajo… Aquella tarde nos presentó a sus amigos y compañeros de casa. Todos ellos nos miraban y esbozaron, simplemente, una sonrisa al no comprender casi nada de lo que estábamos diciendo, de la misma manera que nosotros lo hacíamos cuando ellos decidían hablar. Tampoco nos importaba y permanecimos con la boca abierta al escuchar a nuestra hija hablar con ellos en inglés de forma tan fluida, sin importar el contenido del mensaje; no nos hacía falta. Nos bastaba con mirar y escuchar a nuestra hija, verla contenta, radiante de alegría. Estuvimos así durante dos largas horas, disfrutando de aquella situación tan soñada. El amigo que más intentaba acercarse a nosotros se llamaba Cristian y siempre estaba pendientes de nosotros.

Tras una breve y amena cena, nuestra hija nos acompaño al hotel. Al observarla más detenidamente me di cuenta que estaba más gordita: «¿Comes bien, nena?», le pregunté. Era una de mis mayores preocupaciones al estar lejos de casa: «No muy bien, estoy mas gorda porque como mucho dulce y mucho chocolate», me respondió. Yo le recordé los peligros de una mala alimentación y traté de convencerla para que cambiara de hábitos alimentarios.

«¡Hasta mañana! ¡ Os quiero mucho! Vendré a buscaros a las once en punto y os enseñaré la ciudad; os encantara». En verdad no nos interesaba donde iríamos, nos conformábamos con el hecho de ir con ella, pudiéndola abrazar, oyéndola hablar sin cesar, observando sus expresiones y movimientos. El sitio nos daba lo mismo y hasta podríamos permanecer bajo la continua lluvia, sentados durante horas en un banco de Hyde Park. Teníamos que recuperar el tiempo perdido los tres juntos y disfrutar con ella al máximo. De nuevo nos faltaban dos días, pero en esta ocasión no era para su encuentro sino para volver a despedirnos.

Nos acostamos sin poder apenas dormir porque sus palabras se repetían una y otra vez en nuestra mente, de la misma manera que su sonrisa y sus abrazos. También nos reíamos al tratar de repetir las frases que nos había enseñado porque cada uno las pronunciaba de distinta manera y ninguna, seguramente, sería la acertada. ¡Menos mal que mañana iríamos con ella a todos esos sitios!, ¡qué tranquilidad! Los dos solos, mi marido y yo no teníamos muchas posibilidades o casi ninguna de hacernos entender, ni siquiera de repetir las frases que nos acababa de enseñar de manera correcta.

Impacientes por disfrutar de este nuevo día—tres de octubre, no se me olvida— nos levantamos más temprano de lo que habíamos pensado, nos arreglamos y bajamos a desayunar. Allí mismo nos dimos cuenta de que las frases que nos había enseñado se limitaban al saludo y poco mas, pero tampoco necesitábamos pedir nada porque el buffet nos ofrecía la posibilidad de servirnos nosotros mismos, sin necesidad de preguntar nada a nadie.

Todavía faltaba media hora para que Mercedes viniera y el tiempo parecía ir más lento de lo normal. Ojalá hubiéramos sabido cómo invertirlo... A las once horas en punto bajamos al *hall* del hotel. Mejor la esperaríamos fuera. Ella aparecería con su moto, la misma que había llevado desde Portsmouth hasta Londres y con la que durante meses había recorrido las calles de su nueva ciudad.

Estábamos deseando volver a escuchar sus historias, la versión de su aventura, su voz... Las once y media y el frío y la lluvia no nos alejaban del oscuro asfalto, así que era mejor esperarla fuera que dentro porque estábamos impacientes de verla de nuevo. Se nos presentaba un día inolvidable.

Las doce del mediodía, ¡qué extraño! Siempre era puntual y mucho más al encuentro de sus padres. Esperaríamos lo que hiciera falta, seguro le habría surgido algún imprevisto y en cualquier momento la veríamos acercarse. No hablábamos, solo nos mirábamos como esperando que alguno de los dos diera con la respuesta adecuada ante su dilatada tardanza.

La repuesta adecuada perdía consistencia a medida que fue pasando y pasando el tiempo. ¡Ya eran las trece treinta horas! y nuestros rostros habían perdido la excitación del encuentro sin encontrar explicación lógica a la espera. Entonces, un pensamiento empezaba a invadir nuestra mente: «Algo le ha pasado», algo que le imposibilitaba comunicarse con nosotros de alguna manera; algo grave.

Seguíamos en la puerta del hotel y ya eran más de las dos. Deberíamos tomar una decisión porque, hubiera pasado lo que hubiera, pasado tendríamos que ir a su encuentro pero… ¿por dónde empezar?

Ahora si que tendríamos que hacernos entender. Menos mal que el día anterior nos había apuntado el teléfono de su casa en una servilleta de papel, la misma que había ido arrugando en mi bolsillo durante la espera cada vez con más fuerza: «¿Llamamos?», dije mientras sacaba del bolsillo de mi abrigo una servilleta casi inservible: «¿Cómo nos entenderán?», contestó mi marido. Yo le respondí en voz muy baja: «No lo sé, llevo haciéndome la misma pregunta durante todo el rato, pero debemos intentarlo, ya han pasado mas de cuatro horas y no tenemos noticias suyas».

No fue necesario llamar. De repente, por donde tenia que aparecer Mercedes con su moto, visualizamos a Christian, el compañero de piso que conocimos el día anterior. Su cara dibujaba una catástrofe casi esperada. El muchacho lloraba y hablaba en un inglés —por supuesto incomprensible para nosotros— sin cesar y cada vez mas rápido, como si de alguna manera le entendiéramos, señalaba constantemente a las ambulancias que pasaban a nuestro lado y a un hospital que se divisaba a lo lejos. ¿Qué nos quería decir? Recordé haber oído sirenas muy cercanas antes de bajar de la habitación. Le seguimos de forma automática, como si estuviéramos sumergidos en una pesadilla, sin querer comprender lo que intentaba comunicarnos y sin dejar de mirar hacia atrás, hacia la entrada del hotel donde podría aparecer en cualquier momento Mercedes. Pero entonces… ¿Por qué nos apartábamos de aquel lugar?, ¿por qué en lugar de Mercedes había venido a buscarnos su compañero después de cuatro horas? La ausencia de mi hija y la congoja de su compañero eran muy mal presagio y el resultado no iba a ser el augurado día maravilloso de visita por la ciudad; eso era seguro. ¿Cuál sería exactamente? Pensaba en ello mientras seguía los pasos de Christian, que se acercaba al hospital.

La entrada al hospital supondría el término de la incertidumbre y de tan angustiosa espera. Mercedes estaba aquí, eso era seguro, y hasta ese lugar nos había llevado su compañero: Necesitábamos verla imperiosamente, de manera que ella misma nos dijera lo que le había pasado o traducirnos, sobre la marcha, lo que el médico fuera comentando.

Pero nadie nos dijo dónde estaba, a pesar de nuestra insistencia. Habría tenido un accidente, eso estaba más que claro, y puede que las sirenas de las ambulancias que oímos en la habitación tuvieran que ver con todo aquello. ¿Se habría fracturado alguna pierna, algún brazo? Se fue de Madrid con el dedo del pie casi sin curar y estaba roto, pero no se podía escayolar así que la decisión de que estuviera en condiciones óptimas fue solamente de ella.

Por fin salió a nuestro encuentro un Médico, que al igual que Cristian nos hablaba en inglés sin parar, situando sus manos en nuestros hombros. A diferencia de su amigo, el doctor aquel no lloró, mientras que Christian volvía a hacerlo desconsoladamente, a medida que las palabras del doctor, aquellos sonidos incomprensibles, emergían de su boca.

Nos miraba como implorando que le entendiéramos, como si el hecho de no reaccionar supusiera que no nos habíamos enterado de nada. El desconcierto era cada vez mayor y yo sentía una opresión en la cabeza pareciéndome que iba a estallar en cualquier momento. ¿Por qué no nos llevaban donde estaba mi hija? Ella, mejor que nadie, se encargaría de explicárnoslo? Si no fuera posible, al menos que nos indicaran el lugar donde se encontraba. No sé, un quirófano, una habitación, un pasillo….

Y nos indicaron, finalmente, en lugar en el que no habíamos pensado ni por un momento, un lugar que no era destinado a operar, ni a solucionar ninguna fractura, ni de observación… Era el lugar mas frío del hospital, donde no existía ningún instrumental quirúrgico, ni de ningún otro tipo, que pudiera salvarla ni curarla. Al ver su cuerpo, el mío notó que no había comido ni bebido durante muchas horas y, tras el *shock*, me caí redonda al suelo.

Cuando recobré el conocimiento pude escuchar palabras en mi idioma que me sorprendieron. No eran las de mi marido porque de él solo me llegaba una frase repetida infinitamente: «¡Dios mío!, ¡Dios mío!» mezclada con un llanto desconsolado y la imagen de Christian a su lado, abrazándole.

Por fin alguien podía explicarme lo inexplicable, la última imagen de mi hija se cruzaba con la imagen que había estado esperando durante horas: llegando a la puerta del hotel con su motocicleta, aquella maldita moto con la que había recorrido tantos y tantos kilómetros: de Madrid a Santander y del puerto de Portsmouth a Londres, además de las idas y venidas por esta ciudad tristemente inolvidable para mí.

La persona que teníamos a nuestro lado nos informaría de por qué mi hija nunca llegó a nuestro encuentro, nunca llego a compartir con nosotros esos lugares que nos mostraba en sus cartas junto a las contadas fotografías. Iba a ser uno de los días mas felices que viviríamos los tres y se convirtió en el peor día que viviríamos los dos, porque ya no estaba con nosotros. Esos lugares habían sido compartidos poco tiempo atrás con su novio y con su prima pero nosotros no tuvimos siquiera la oportunidad…

La impaciencia para que fluyeran mis palabras para preguntar lo que había pasado me ahogaba en la garganta pero la persona que tenía frente a mí me lo facilitó todo empezando a trasmitir lo que a su vez le habían comunicado. Efectivamente, las sirenas que escuchamos en la habitación del hotel estaban allí por un accidente en el que se vio implicada Mercedes que llegaba con antelación, impaciente, me imagino, como nosotros ante nuestra cita. Al parecer, un coche desplazó su moto y se encontró de frente con un camión que la arrolló y pasó por encima. ¿Era necesaria tanta explicación? No lo podía soportar.

«Solo faltaban dos días para encontrarla y no sabía que los mismos para perderla». Ese pensamiento se intensificaba mientras que aquel hombre seguía hablando. No lo podía soportar… y menos cuando comenzó a comentar los tramites del traslado de su cuerpo.

Estaba en otra ciudad, en otro país, y casi lo único que había visto era el aeropuerto y poco más. No sabía siquiera dónde estaba pero si sabía dónde tenía que volver; a Madrid .

Viajaba con mi hija en su último viaje. Viajábamos los tres juntos, pero no compartíamos asientos. El lugar en el que ella volvía, una bodega helada, no pertenecía ya al espacio de vida.

Tomé de nuevo la mano de mi marido, como en el viaje de ida cuando volábamos hacia el encuentro de la ilusión y la alegría, pero en este otro viaje su mano no tenía fuerza y parecía que hasta su miedo a volar se hubiera diluido. La tristeza y la desolación inundaban todas las partes de nuestros cuerpos y ahora no teníamos miedo a nada, mucho menos a un accidente. No nos importaba nada y morir era casi mejor que seguir soportando aquello. Nuestra hija venia en el mismo avión, pero volvía muerta.

El día en que murió empezó para nosotros el duelo de nuestros seis hijos. Perder a Mercedes era volver a perderlos a todos a la vez. La única hija que tuvimos con nosotros durante veintitrés años se había marchado de golpe. Más tarde sí, pero se nos había marchado como nuestros otros cinco hijos. El dolor se intensificaba proporcionalmente al numero de hijos que habíamos tenido y habíamos perdido. Ahora nos habíamos quedado sin ninguno de ellos, de manera que lo que nos ofreció la vida ella misma nos lo quitó cruelmente. Entonces nos negamos a que aquello fuera una realidad.

La fotografía de Mercedes ocupaba gran parte de su habitación. Se trataba de una foto grande de su cara. Cada cinco minutos, al principio sobre todo, me sentaba en su cama y miraba su foto. Hablaba con ella, lloraba con ella, le pedía que intercediera por nosotros para no quedarnos solos… ¡porque no queríamos quedarnos solos! No podía ser que después de haber tenido seis hijos nos quedáramos sin nada de nada; no era justo. Y lo peor, ya era tarde para tenerlos biológicamente. Claro que podríamos utilizar la vía de adopción y era posible que una decisión así nos ayudara a superar tantas pérdidas. Habíamos perdido toda ilusión y era nuestra salida más habitual la visita al cementerio para llevarle flores y pedirle que nos protegiera, y que nos guiara en la búsqueda de sus futuros hermanos. Brotaba así un poco de esa ilusión con la realidad cercana de tener niños en casa otra vez.

Poco tiempo después de su muerte vinieron a casa sus amigos y compañeros de piso de Londres. Fue una forma más de tenerla cerca y de vivir aquella aventura que le faltó por contarnos. Ahora lo estaban haciendo ellos. Nosotros los acogimos como si fuera ella misma la que había regresado. No parábamos de salir, visitando museos, exposiciones, restaurantes, ciudades de España… todo lo que nos mantuviera activos, disfrutando de la compañía de estas personas, casi desconocidas para nosotros, tan llenas de significado emocional. Incluso me atrevería a decir que compartimos con ellos lo que pocas veces lo hicimos con nuestra hija; una forma de compensar lo que no pudimos compartir en su momento y la nuestra última oportunidad de hacerlo.

Tras el vacío que siguió a la marcha de sus amigos, apareció la insoportable realidad que se apaciguaba, solamente, pensando en la posibilidad de adoptar. Sin dejar escapar la ilusión de semejante decisión, que podría culminar en la venida de nuevos hijos, preparé mi primer viaje con destino a Ecuador. Iría yo sola pues a su padre, mi marido, volar siempre le dio pavor (excepto en aquel viaje de vuelta de Londres). Iba a visitar a dos niñas, dos hermanas huérfanas. Sería una buena opción, seria la solución a mi tristeza, el nacimiento de una nueva forma de vida para nosotros; la misma que siempre habíamos soñado.

El encuentro no fue como esperaba. Es verdad que eran unas niñas muy cariñosas, impacientes por dar y expresar su amor, pero no era lo que andaba buscando. Lo que yo quería era una niña o un niño físicamente parecido a Mercedes: Ella era rubia, alta, guapa… y bueno, lo cierto es que no me daba cuenta que la iba buscando justamente a ella y a nadie más. Porque nadie podría sustituirla ni reemplazarla. En aquel entonces solo me movía suplantar su ausencia porque no soportaba el sufrimiento de vivir sin mi niña. Estaba negando su muerte e intentando, seguramente, que de alguna manera permaneciera con nosotros como fuera. Entonces decidí cambiar de rumbo y mi avión ahora aterrizaba en Rumanía. Allí la encontré. ¡Allí los encontré! Volví a casa con una niña morena, y lo mejor, un niño rubio. «Esto es lo acertado», pensé.

En poco tiempo la casa estaba ocupada por dos niños de cinco y tres años. Esa era justamente nuestra ilusión y lo habíamos conseguido. Estábamos felices por haber constituido esta nueva familia mientras Mercedes seguía presente, entre nosotros. Su foto permanecía en el mismo lugar, en la habitación la que ahora ocupaba la niña. Ella llegó a preguntar quién era. No la conocía, ni siquiera sabía quién era aquella muchacha tan guapa que invadía su espacio. Según pasaban los años era más difícil quitarla de allí, era imposible porque sus padres no lo admitirían. La foto de Mercedes la incomodó desde su llegada y me parecía que la observaba constantemente, interrumpiendo sus sueños, sus juegos, sus estudios y sus lecturas. Era como si, desde el fondo de la esencia de esa mirada, quisiera trasmitirle algo, decirle algo a su nueva hermana, hablar con ella a lo mejor, pero ella no tenia ningún interés por ser receptora de lo que parecían querer trasmitir aquellos ojos que pertenecían a alguien tan ajeno a su realidad.

Pasaron los años sin darnos cuenta de que aquellos niños podían ser incluso nuestros nietos por la diferencia de edad tan enorme. Unos nietos que no respondieron ni como tales, teniendo problemas con los estudios, problemas en los numerosos colegios en los que los matriculé, problemas de adaptación en nuestra sociedad, problemas con la policía, problemas con el ejército... problemas y más problemas. Nosotros contábamos con una vida acompañados y queridos, pero sucedió lo contrario a nuestras esperanzas de recuperar a alguno de nuestros hijos y, sobre todo, a nuestra hija Mercedes. Y todo porque habíamos negado su partida, habíamos negado su muerte y la sustitución era solo el intento de cambiar a una hija por dos personas que no lograron parecerse lo más mínimo a ella. Siempre la anhelamos y no empezamos a procesar su duelo hasta que aquellos hijos-nietos crecieron y también se apartaron de nuestro lado. Nuestros seis hijos anteriores no nos hubieran dejado así.

A partir del momento de su huida volvimos a sentir rabia, tristeza, desazón… como aquel tres de octubre en Londres, pero en este caso no por los hijos que vivieron con nosotros durante estos últimos años, sentimos rabia y tristeza porque Mercedes no estaba con nosotros y comenzamos procesar el verdadero duelo. Fue tanto el dolor de su partida, sumado al dolor de las pérdidas anteriores, que intentamos reemplazar su existencia de forma inmediata para poder soportar tal sufrimiento, huyendo de la verdadera trasformación y aceptación de la muerte de nuestra única hija de verdad.

Seguimos solos sí, pero ya no buscamos sustituciones. Sé que muy tarde hemos aceptado que ella no esta con nosotros físicamente y que de alguna manera nos guíe. Ahora nos ayuda y nos protege, no para ser reemplazada sino para que su amor esté siempre presente entre nosotros y para que su amor inunde nuestros corazones, los corazones de sus padres, unos padres que la ansiaron con tanta ilusión hace ya veintisiete años.

Seguimos, es verdad, teniendo contacto con su novio, aquel jovencito que estudiaba la carrera de ingeniería. Ahora es un buen padre de familia que vive en Nueva York. Sus hijos —¡Ellos sí que podían haber sido nuestros nietos!—, estarían lejos, pero los veríamos en fechas importantes y serían nuestra ilusión porque su madre —nuestra hija— estaría con ellos y anhelaríamos verla siempre, siempre.

Ya sé que esa no es la realidad. Aún así nos alegra tener contacto con él porque, alguna vez, fue parte de la vida de nuestra hija y ahora nos sirve como referencia de lo que podía haber sido y no fue.

Con su pérdida no asimilaba el hecho de perder el rol de madre, lo reconozco. Lo había intentado tantas veces y tantas que no llegaron a producirse, que mi única obsesión tras su partida fue recuperar ese papel materno que ya no tenía, sin aceptar su pérdida en absoluto. Habíamos imaginado, tanto mi marido como yo, su futuro, como si fuera el nuestro propio: lo que estudiaría, el día de su boda… hasta acontecimientos que no eran nuestros serían de ella. Finalmente no se consolidaron. Con ello también perdimos el motivo de ilusionarnos, pues solo lo hacíamos con su vida, no con la nuestra, y esto fue un error desde el comienzo. Por eso nuestra impaciencia de que todo ello volviera a ser de nuevo una realidad y por eso pretendimos reemplazarla sin conseguirlo. Ella nos enseñó a realizar nuestro sueño como padres, después de tantos intentos, y no aceptábamos dejar de realizar semejante rol tras el intento fallido tantas veces. Ahora solo nos tenemos el uno al otro y es muy triste, pero estamos más unidos que nunca. Nos apoyamos y nos damos ánimo, compartimos nuestro tiempo como no lo habíamos hecho nunca antes y hasta hemos empezado a viajar a numerosos países, por supuesto utilizando cualquier medio de trasporte menos el avión. En estos viajes hemos conocido a otros matrimonios de nuestra edad que nos hablan orgullosos de sus nietos. Nosotros les hablamos de la perdida de nuestra hija pero nos hubiera encantado comentar sin parar, con toda nuestra fuerza y como abuelos, sus múltiples travesuras y un millón de anécdotas.

Ya no intentamos suplantarla, esa es la verdad. La sentimos a nuestro lado en cada momento, nos acompaña en nuestros viajes, nos acompaña y acompañará en toda nuestra vida.

El traje rojo

La formación y conseguir un estatus en la sociedad eran los dos valores fundamentales que mi madre nos había inculcado desde niños. Un puesto fijo como funcionaria era lo máximo a lo que podía aspirar uno en esta difícil sociedad. Sin embargo, por el camino se olvidó de trasmitirnos muchos otros valores y no nos dimos cuenta hasta muchos años después, —demasiados—. Cuando ese puesto de trabajo se convirtió en parte de nuestro pasado y no de nuestro futuro descubrimos que la vida no solo era eso, pero su carácter fuerte y autoritario, muy arraigado en una de las primeras mujeres profesoras de filosofía de este país, no nos permitió encontrarlos hasta que todo pasó, hasta que aquellos objetivos fueron alcanzados con creces: estudiar era lo primero, lo segundo, lo tercero… siempre teníamos que sobresalir en los estudios y no se nos permitía ningún suspenso, ni siquiera una nota más baja de un diez. Mi madre no nos daba consejos; nos daba órdenes.

Desde muy pequeñas, sus tres hijas teníamos que fantasear con nuestras profesiones e impulsar el paso de la fantasía a la realidad, costara lo que costara. Al ser la mayor de las hermanas, mi meta debería ser la más importante en esa escala y me resultó fácil dirigirme a ella; el mayor reto para una mujer de los años sesenta era estudiar una ingeniería y, como desde pequeña se fue consolidando la idea, lo que estaba en mi imaginación se hizo realidad. En efecto, fui una de las primeras mujeres que consiguió ser ingeniero de telecomunicaciones de España, mi mayor logro por supuesto dedicado a mi madre. Ella, orgullosa también, había conseguido uno más cuando yo recibí mi diploma y eso la hacía mostrarse más fuerte. Tanto que se consideraba inmune a enfermedades y a presagios nefastos de cualquier naturaleza. Todo estaba bajo su control. Sus hijas pasaron de ser universitarias a funcionarias, las tres dedicadas a la formación en distintas universidades españolas, tanto de ciencias como letras.

Continuó siendo así por mucho tiempo, hasta que empezaron los dolores. Ella no acudiría a las revisiones, por supuesto que no. «No es nada, desaparecerá pronto», decía, mientras nosotras no nos atrevíamos a indicarle que debería acudir al médico, porque nunca le habíamos rectificado en nada y la habíamos obedecido siempre en todo. En aquel momento no sabíamos comunicarle algo tan necesario como la urgencia de que fuera diagnosticada a tiempo por un médico.

Observando impasibles su trepidante cambio físico, seguíamos reservándonos lo que todas estábamos pensando decirle a gritos. Estaba adelgazando cada día, su cara no podía disimular los dolores, cada vez mas constantes, que la hacían retorcerse como si estuviera poseída, apenas comía, no mostraba apetencia por nada, ni ilusión por hacer cosas, ni fuerzas. Esto último era lo más significativo. Lo echábamos de menos y nos sentíamos algo perdidas al no darnos instrucciones acerca de lo que deberíamos hacer: cómo deberíamos comportarnos, cómo deberíamos vestir, cuáles eran las amistades más apropiadas, cuáles eran los novios más adecuados… como hasta ahora había hecho sin dudar.

Nuestra espera se hizo eterna pero llego el momento en que entró en el hospital de urgencias. De allí no salió nunca más. Estaba invadida por el cáncer, enfermedad como cualquiera otra que no estaba contemplada en su vocabulario, como tampoco en su esquema de posibilidades. No hubo ocasión de explicárselo tampoco porque ya se lo habían comunicado por nosotras. Entonces nos limitamos a permanecer allí como meras espectadoras; es lo que siempre lo habíamos hecho.

Ante la noticia del desenlace inminente solo nos faltaba esperar, pero ni eso sabíamos manejar. Al igual que ella, nunca nos habíamos planteado su marcha y esta era una idea ausente de nuestros pensamientos. Se morían los demás —mi padre lo había hecho hace unos años—, pero mi madre, el pilar de nuestra existencia, nuestra guía, no tenía caducidad a la vista. Al menos eso era lo que nos trasmitía y lo que pensábamos.

Incrédulas sobre cómo iban desarrollándose los acontecimientos, pasábamos con ella el mayor tiempo posible. Las visitas eran incómodas no solo por encontrarnos con su deterioro, si no por la forma de no aceptarlo. Era intransigente con los médicos, déspota con las enfermeras y solo tuvo una meta durante toda su estancia: marcharse de aquel lugar.

Esa intransigencia era fruto de toda su negación a cuidarse: pesaba cien kilos y comía de forma compulsiva todo lo que le apetecía, sin privarse lo más mínimo de todo aquello que le gustara.

Parte de aquella fuerza inútil que aparentaba se la habíamos regalado nosotras con el cumplimiento íntegro de sus directrices para con nuestras vidas. Teníamos estudios universitarios, éramos funcionarias, nos habíamos casado con hombres que habían conseguido lo mismo o hasta más que nosotras, habíamos tenido hijos que, acertadamente, también seguirían las mismas directrices; nada había fallado y nada podía fallar, todo seguía su ritmo, el ritmo impuesto por ella. Pero ese ritmo no contaba con el de la evolución de la vida y sus leyes inmutables: el precio de cumplir años que supone el deterioro de la vejez y la enfermedad.

Por más que implorara irse, o mejor dicho por más que intentara dar la orden para conseguir el alta, nadie parecía escucharla. Creo que fue una de las primeras veces en su vida en que las cosas no estaban desarrollándose como ella quería y que nada, ni siquiera la fuerza que desataba en nosotras para que se cumplieran sus deseos, surtía el efecto deseado.

Su deterioro también afectó a su fuerza, claro, y llego un día en que la resignación ocupo el lugar de la furia, en que comprendió que las operaciones no iban a tener el resultado previsto, en que hizo balance de su vida y pidió perdón a las personas que no habían seguido esas pautas inalterables como nosotras. Llegó un día en que pidió perdón por sus pecados y el arrepentimiento la embargó. Entonces nos dejo...

Sin mástil que nos sujetara, nos encontramos en su despedida. Yo solo podía pensar en las palabras que me había trasmitido unos días antes: «Si me pasa algo, hija, quiero que te pongas para mi entierro tus mejores galas, lo mas nuevo que tengas». Como todo lo que me ordenó o sugirió en vida esto debía también cumplirlo, por supuesto que sí.

Sin apenas ser consciente, sus palabras resonaban en mi mente sin ser capaz de disociarlas de la realidad. Me encontré vestida en su entierro con lo más nuevo que tenía: un traje de chaqueta rojo sin estrenar, en pleno mes de enero y sin abrigo. Llegaba al entierro de mi madre con sus nuevas órdenes, cuando todavía no había ni percibido su ausencia. El dolor si existía en ese momento y se mezclaba con el deber, lo mismo que había experimentado toda mi vida; esa era la verdadera realidad.

La personas que acudieron al sepelio me miraban atónitas vestida de rojo como iba. Nuestra educación y nuestras creencias religiosas siempre se habían aplicado a todos estos actos y mi madre no faltaba a su misa diaria. El luto se daba por hecho porque era el primer signo de duelo y dolor. ¡Y yo me presentaba en el entierro de mi madre no con lo primero que encontré! Y no con lo que debería haber elegido la mayoría de la gente, aún en el estado de desolación. Me presenté con lo que me había indicado mi propia madre… lo más elegante y lo más nuevo, sin ser consciente del color ni de la forma, ni de que abrigara más o menos en pleno mes de Enero como estábamos.

Con tantas pautas y sin poder expresar mis sentimientos en público, cosa que también me había enseñado mi progenitora, me estaba perdiendo todo el entierro de mi madre, me estaba perdiendo su despedida y tan solo estaba interpretando una escena. Tantas limitaciones no me ayudaban a llegar al duelo y éste se estaba dilatando en el tiempo, tardando en manifestarse porque, de esta forma, estaba negando su muerte misma.

Cuando me di cuenta de su ausencia, el llanto se presentó de manera imprevista y duró mucho tiempo, más del que habría pensado. ¡La echaba tanto de menos! Toda mi vida había sido supervisada por ella y me costaba enormemente navegar sin su rumbo dictado. Mi rol de madre había sido marcado por el suyo y ahora estaba huérfana del rol de hija sin ser capaz de recobrar la seguridad que ella proyectó en mí durante cincuenta años.

Yo era la mayor de las hermanas pero después de la muerte de mi madre no pude asumir las osas como a ella le hubiera gustado. Me había quedado sin fuerzas porque comprendí que me las daba ella y en esa situación era prácticamente imposible ocupar su lugar frente mis demás hermanas y sobre mí misma. Deberíamos aprender a vivir por nosotras mismas, asumir nuestros fracasos y tomar decisiones que ya no estarían supervisadas por mi madre. Se fue en el momento en que mis valores cambiaban de prioridad, cuando me quedaba poco para jubilarme y mi vida profesional, que siempre adoré, terminaba. No me interesaban otras actividades. No me interesaba la cultura ni el arte; esas cosas no eran importantes para mi porque tampoco lo había sido para ella. Sus creencias e habían marchado y al poco tiempo de su muerte fui operada de un tumor. Lo que a mi madre le pasó con ochenta años a mí me sucedió con sesenta. Aunque la enfermedad fue persistente, gracias a Dios pude superarla y hasta tuve nietos que también enfermaron al nacer. Aquellos pequeños indefensos me llenaban de amor sin importarme lo que iban a estudiar o a lo que se dedicarían, ahora solo me importaba que se curaran que salieran adelante, que fueran felices. Recibía su cariño como lo más sagrado que tenía y se lo ofrecía a Dios. Mis logros y el esfuerzo de una parte de mi vida eran nimiedades comparado con el inmenso cariño de aquellos pequeñajos. ¡Eso sí que era gratificante! Era lo más importante de mi presente y de mi futuro.

No culpo a mi madre por lo que intentó trasmitirnos, a ella también se lo había trasmitido la suya. En el fondo creo que nos fue más fácil seguir un camino ya determinado, con la seguridad que nos brindaba, que encontrar el nuestro propio. Además, echo de menos estar con ella, pero no por indicarme lo correcto o lo que debería hacer, la echo de menos porque me gustaba abrazarla, besarla, hablar con ella sin ser juzgada; simplemente estar juntas compartiendo un café mientras le comentaba mis inquietudes, mis miedos, mis dudas, mis frustraciones, mi vida… y no solo mi admiración y obediencia.

Ponerme aquel traje rojo en su entierro fue una advertencia de peligro para mi propia estabilidad. Enseguida supe que debía encontrarla sin ayuda de nadie, sin ayuda de mi madre. Debería encontrarla por mí misma y eso no iba a ser fácil. Llegó el momento de comenzar una nueva forma de vida, ilusionándome con lo que pudiera venir y no limitándome a lo esperado, lo correcto y lo establecido.

Sigo siendo creyente, mi fe me ayuda a perdonar a mi madre aquello que no detecte en su momento, pero también me ayuda a quererla como nunca lo había hecho antes, simplemente porque era mi madre, una madre castrante y autoritaria, si, pero una madre que solo quería lo mejor para nosotras, contradictoriamente a lo que percibíamos, quería una independencia en nuestra anclada dependencia. No me siento libre porque haya desaparecido esa simbiosis, ni me siento bien por haberla perdido. Me siento bien, me siento muy bien por conectar con mi madre mediante el amor que le dedico todos los días cuando me levanto y cuando me acuesto. Adoro a aquella gran profesora de filosofía, pero también mi madre, mi añorada madre...

Hace poco he asistido al entierro de un familiar –de mi tía, la hermana de mi madre—. Mientras esbozaba una sonrisa a la vez que me inundaba el dolor de su pérdida, me detenía en la puerta de mi armario eligiendo sin premeditación un traje. Esta vez un traje negro que es lo normal en estos eventos y lo más acorde con los sentimientos. En definitiva, lo esperado para mostrar la tristeza de una despedida.

El esperado estreno

Dentro de una semana es el estreno, el gran sueño que desde hace muchos años he estado preparando y anhelando. Porque han sido años de duro esfuerzo, de enormes sacrificios,
de despedidas continuas, de frustraciones y de marcada disci-
plina pero también de grandes alegrías y fuertes emociones.
Cuando llegan los aplausos llega el olvido de ese empedrado
camino. Es cuando la danza se convierte en la herramienta
perfecta para expresar los sentimientos, porque la danza es la
herramienta perfecta a la hora de expresar el dolor, el amor…
La danza te aísla del mundo a la vez que te envuelve en él, la
danza lo es todo, es hacer realidad una ilusión que te trasfor-
ma y te hace volar en el tiempo y en el espacio. Es capaz de
regalarle a la música mayor armonía ofreciéndole color a sus
delicadas notas.

La danza, ese arte en movimiento por definición y, además,
es lo máximo para mí. Es lo que da sentido a mi vida porque
con ella expreso y comparto todas mis emociones con los más
queridos, los más allegados e incluso con quienes no lo son.
Todos crean un gran vínculo mientras bailas y las sensaciones
fluyen en el aire, desplazándose desde el escenario lentamente
hacia los espectadores, como rayos de luz, embargando todo
el espacio. Al recibirlos, son devueltos de nuevo al escenario

con gran intensidad, culminando el intercambio con el calor de los aplausos.

La danza nos permite trasmitir lo que muchas veces no podemos expresar con palabras. Ahora lo entiendo, la comunicación con mi familia era buena pero insuficiente y quizá estaba esperando el gran día, el día del estreno, para decirles todas aquellas cosas que de otra manera no soy capaz. Por ejemplo mensajes de agradecimiento por su continuo apoyo, por creer en mi sueño, por no ponerlo en duda en ningún momento, por comprender que era mi gran objetivo y mi verdadera vocación, por valorar esta profesión. Este mensaje de ritmo vendría a decir: «Os quiero».

En mi familia, y como decía mi abuelo, la medicina es el gran reto y nuestro signo de prestigio, al que debemos seguir la tradición. Nos honramos todos los miembros de participar de este prestigio. Nunca lo puse en duda. Estaba orgulloso de pertenecer a esta gran familia de valorados doctores pero yo no era ninguno de ellos. Mis hermanos siguieron los ancestrales pasos pero yo no lo hice. Siempre pensé que podía defraudarles aunque más tarde descubrí que no era así porque mientras mis hermanos jugaban o hacían deporte yo bailaba y bailaba sin parar. Debía aprender de verdad y el conservatorio era el lugar perfecto. Es cierto que no obtuve una negativa, pero solo era porque pensaban que sería un entretenimiento y que al final terminaría la carrera de medicina.

Pero algo que aparentemente tenía solo un carácter lúdico se acercaba cada vez más a mi propósito, y a mi sueño, a mi proyecto de futuro, a mi verdadera profesión. Mientras esto estaba sucediendo no encontraba las palabras indicadas ni acertadas para decírselo a mis padres y romper con ello la tradición de varias generaciones de médicos. Iba a ser difícil comunicarlo porque yo era el mayor de tres hermanos y mis padres no barajaban ninguna otra opción. Me tocaría explicárselo de una manera o de muchas, pero debía de hacerlo. No dejaría de ir a la universidad, estudiaría otra carrera, claro, aunque mi prioridad seguiría siendo el baile.

Conseguí dar forma al sentido de mi vida con mi sueño convertido en realidad y era feliz por ello, y porque mi familia también lo estaba, sobre todo mis padres. El estreno no era en mi ciudad pero estaba cerca de ella. Mis padres vendrían a esa función tan esperada, les demostraría el verdadero sentido del arte de la danza, les mostraría mi alma y seguro que llegaría a sus corazones.

Todo era perfecto, vendrían dos días antes del estreno. Sin embargo, mi sueño no pudo ser completo porque mi padre se quedó a un paso de estar allí conmigo y yo de mostrarle por lo que tato había luchado.

Un ataque al corazón se lo llevó del escenario de la vida, de modo que vi a mi familia antes de tiempo, tras el giro imprevisto de los acontecimientos. Iba a casa cuando ellos tenían que venir, iba a decirle adiós y él no venía a decirme hola. No habría mensaje de agradecimiento ni oportunidad de disfrutar mi éxito con él. ¡Tantos años dedicados a ese momento y ese ataque inesperado me lo arrebató!

Duro es enfrentarse al mundo y más duro es pisar el escenario cuando la tristeza desborda. Las tablas no entienden de perdidas ni contempla lágrimas y te obliga a mantener la llama más alta sin poder mostrar el gran agujero que tiene tu corazón y tu alma. Un agujero tan profundo que tras la despedida se congelaron mis palabras, como se congelaron mis pensamientos en un único momento, el momento del alma, sin consentir que nadie me los consultara. La hora de la función llegaba y la danza no entendía de tiempos de duelo. Mis sentimientos tendrían la oportunidad que anhelaban pero me estaba ahogando tras el enorme vacío que me dejó su marcha.

Ese tiempo pasó deprisa y el dolor me atacaba el alma. Ya había llegado el día, ya había llegado la hora y mis expectativas del estreno se quedaron cojas. Lo principal debería permanecer intacto; bailar. Se lo ofrecería a mi padre y a todos aquellos de mi familia que me regalaron su compañía.

Detrás de las cajas, impaciente por salir, me invadían sentimientos ambivalentes. Debía darlo todo pero a la persona que más necesitaba mostrárselo no estaba allí conmigo. Mi mirada se esforzaba por no fijarse hacia arriba, buscándole en aquel espacio, sintiendo su fuerza y su apoyo. Entonces las luces se encendieron y la función estaba a punto de comenzar. Sentía a los espectadores sentados en sus butacas, a todos menos a mi padre, y mis ojos seguían mirando al cielo. Mis pies empezaron a moverse sin ninguna dirección, libres de las órdenes que me indicaba el cerebro, al unísono con la melodía, acompañados segundos más tarde con la sincronización de mis piernas, mis brazos y el resto de mi cuerpo. Fui dubitativo al iniciar el primer paso y tenía que envolver de armonía la integración de mi figura, expresada a través del movimiento. Me valieron unos segundos para que esos pasos se convirtieran en más fuertes y más seguros y las lágrimas, antes contenidas, aparecían ahora llenas de rabia, con enorme tristeza. Era mi momento y el momento de mi padre; era el momento de los dos. Me sentía tan liviano bailando que pensé, por una décima de segundo, que estaba volando a su encuentro.

Fui envuelto por una enorme ola de alegría y satisfacción y la magia de la danza invadió el teatro entero. Todo se desarrolló como yo esperaba. Todo fue perfecto, menos la ausencia de mi padre. El comienzo de los aplausos me desconectó de mis pensamientos, de mis repentinas y agudas emociones. Aquel público me ayudó a conectar con esa realidad, con la vida, y a desconectar del dolor de la muerte, otra realidad que ahora era intrusa en mi espacio vital.

Después de aquel éxito la danza tendría un significado añadido, si cabe, a los tantos e importantes que ya tenía para mí antes de la perdida de mi padre. Sentía su presencia, su fuerza, su ánimo, su apoyo y su aprobación… En cada ensayo o función ya no ocuparía ninguna butaca en ningún teatro del mundo al que yo fuera, pero su presencia ocupaba todo el escenario y se esparcía con delicadeza por cada rincón donde yo estuviera.

Mirar hacia arriba se integró en mi repertorio como preámbulo a cada actuación. Le sentía y necesitaba dedicársela como agradecimiento. Ahora compartiría para siempre y entendería mi verdadera vocación, que era el baile.

Soy y seré un gran bailarín y ya nunca estaré solo. Mi padre es el espectador más especial, el número uno, el que me acompaña siempre por todos los teatros del mundo. Es el primero que me aplaude antes de salir a escena y el último que termina de aplaudir al terminar.

Siento una paz inmensa solo con recordarlo y una enorme tranquilidad cuando le siento a mi lado, cuando le siento en mi alma.

Un día cualquiera de primavera

Era un día cualquiera de primavera. Amanecía cuando los temerosos rayos de sol anunciaban la presencia de un día claro e iluminado y ningún indicio evidenciaba nada anómalo en los eventos rutinarios que se sucedían marcando los movimientos, casi automáticos, para saludar al nuevo día. La familia se disponía a recuperar los hábitos del día anterior y a seguir sus mismas directrices. Desayunos, marcha a los colegios y trabajo... ahí era donde me encontraba aquella mañana, frente a una paciente de tantas, cuando el móvil empezó a emitir el sonido que indicaba una llamada. Como otras tantas veces pensé que no sería urgente y al terminar la consulta contestaría, pero el sonido se repetía sin cesar por lo que debía ser algo más importante de lo que podía esperar. Miré de reojo a quien pertenecía el número de la llamada y comprobé que era el de mi madre. Me extrañó mucho porque en veinte años nunca me había llamado en horas de consulta y sentí un escalofrío y una enorme impaciencia por escuchar su mensaje. La atención a mi paciente se iba difuminando, su imagen y su voz se distorsionaron y apenas sí podía oírle, apenas le veía. Amablemente le despedí sorprendido por terminar con tanta rapidez. Ni siquiera recuerdo exactamente con que palabras concluí la sesión aquella ni lo que me respondió el paciente efímero. En la soledad de aquel despacho respiré muy hondo. Intuía que no serian buenas noticias pero no imaginé lo que pocos segundos más tarde escuché mientras me apretaba un nudo en la garganta y sentía una presión en el pecho que me inmovilizaron en la silla, sin respuesta a ninguna de mis articulaciones y perdiendo cualquier capacidad de reacción, mientras la voz de mi madre o lo que quedaba de ella decía: «Hija, tu padre ha fallecido. Ha sido en la calle de un infarto, ven lo antes posible, está en...» y ya no fui capaz de procesar el resto del mensaje. Tampoco es que hubiera procesado la primera parte de él. Parecía como si me lo estuviera contando un paciente, pero estaba sola ya no tenia nadie frente a mí.

Volví a escuchar el mensaje y ni una palabra había cambiado, solo me sirvió para confirmar lo que anteriormente ya había oído. Intenté levantarme, pero mis piernas no me respondían. Estaba literalmente paralizada y no reaccionaba, no podía. Como pude me levanté pero sin sentido, deambulando por los pasillos del centro médico sin una dirección concreta, con la mirada perdida, totalmente palida mentee repente, estab totalmente blanca y muy delgada se podia s piernas no me respondian padre, se ha muerto incapaz de asimilar la noticia. Mis movimientos eran torpes cuando me dirigía una y otra vez hacia la recepción. Advirtiendo la secretaria de la clínica mis extrañas idas y venidas, me preguntó si me pasaba algo. Yo le conteste: «Es mi padre ¡Se ha muerto!», y como si hubiera dicho cualquier nimiedad volví al despacho a sentarme sobre aquella silla, que se había convertido en mi refugio pero a la vez me impedía poder tomar cualquier decisión. Seguía amarrada a ella sin darme cuenta que era a la primera persona que le comunicaba que mi padre se había ido, sin siquiera ser consciente de ello. Mi cerebro reaccionó al mensaje de imploración de mi madre: «Ven cuanto antes». No podía pensar, no podía percibir lo que pasaba a mi alrededor y las personas solo eran sombras que se cruzaban en mi camino sin que las pudiera identificar. Su timbre de voz había desaparecido igual que el sonido de las calles. El constante recuerdo de sus últimas palabras, su abrazo y su último beso dos días antes me invadían.

Me encontré en un taxi sin saber hacia donde me dirigía, llorando sin cesar y sintiendo un dolor desgarrador, un vacío enorme, iba a su encuentro y al de mi madre. Tenía que estar a su lado, tenia que abrazarla y consolarla porque durante la conversación telefónica solo habíamos intercambiado sollozos con contadas palabras.

Ya estaba en el lugar, o eso pensé pues al no encontrarme a nadie y tampoco con el cuerpo de mi padre, me desplomé. Mis piernas de nuevo no respondieron y caí de rodillas. Al intentarme incorporar me encontré con la cara de mi mejor amiga, que me ayudó a levantarme. Minutos después me encontré con una figura que había envejecido diez años de repente. Estaba totalmente pálida y muy delgada, se podía advertir físicamente lo que había perdido emocionalmente. A su lado estaba el rostro confuso y aturdido de un joven policía que tuvo que hacernos guardia mientras un médico ultimaba el parte de defunción. Una vez terminado ese raro encuentro con la muerte de mi padre aparecieron, para confirmarla de nuevo, los agentes del seguro de deceso, pero… ¿Dónde estaba mi padre?, ¿dónde estaba su cuerpo? Todos parecían darlo por hecho, menos yo. Necesitaba, porque sabía que era el primer paso para despedirme de él, ver su cuerpo.

Camino de los juzgados, al pasar por el lugar donde se alzan las torres, tuve una experiencia que me cuesta describir. Sentí a mi padre. Lo vi perfectamente en el suelo, aunque evidentemente ya no estaba. No le comenté nada a mi madre hasta una semana más tarde. Ella sí sabía dónde se desmoronó sin vida porque la policía fue a buscarla para mostrárselo y verificar que era él, pero no hablamos de ello porque no teníamos tiempo todavía, solo teníamos tiempo para el dolor, para la despedida.

Por fin le vi sin vida, como una existencia ausente difícil de comprender. Aquel momento de la despedida lo había compartido con muchas personas: familiares, amigos, y muchos pacientes, incluso conmigo misma, pero ahora estaba descubriendo todas aquellas emociones y el inmenso dolor con más fuerza que nunca. No podía dejarnos, irse así de rápido, aunque desde hacía algún tiempo su forma de despedirse había cambiado, convirtiéndose en despedidas largas, cargadas de tristeza, incluso temerosas, que se reflejaban en el brillo de sus ojos cuando asomaban unas tímidas lágrimas.

Sus mayores virtudes eran su generosidad, su amabilidad y su entrega por los demás, virtudes que no volveríamos a compartir con él.

Comprendí entonces la fuerza de los vínculos paterno-filiales, las anunciadas señales que te preparan para esa perdida.

Regresé de viaje, casualmente de su lugar de nacimiento, Málaga, observando y admirando el paisaje mientras el tren hacía su recorrido. Las nubes ganaban gran parte del inmenso cielo azul, como otras tantas veces, pero estas nubes intentaban expresar algo. Eran especiales y no podía apartarlas de mi vista ni de mi mente. Me trasmitían sensaciones de espiritualidad, añoranza, incertidumbre, de despedida a ese lugar de partida. A aquella estación regresaría un mes después siendo otra persona, la persona que había perdido a su padre ya no iba a verle, iba a buscarle y a encontrarle en aquella etapa de su vida donde anduvo por las tierras del Sur, donde paso parte de su infancia y regresó de nuevo hace unos años, de compartir sus raíces que ahora con su marcha ya eran las mías. Me encontré rezando en las mismas iglesias donde lo hacia él, en las iglesias de su barrio, donde estaba bautizado, donde hizo la comunión, donde entraba sin fuerza y salía con las pilas cargadas. Era devoto de su Virgen del Rocío, última imagen que vio en procesión comenzando la primavera. Esta estación se congeló en el calendario de su destino y no le obsequió con el paso de estaciones venideras.

Pasada aquella despedida, donde su cuerpo ya no ocupaba el espacio vida, donde la presencia de una existencia ausente, nos decía adiós. Empezamos a caminar sin él, sintiendo que él estaría siempre entre nosotros, mucho más en aquel lugar tan suyo donde por inercia mis pasos se desplazaban automáticamente a su encuentro, donde todavía puedo sentir su abrazo en aquel lugar que fue testigo de su marcha. Nadie me había comunicado el lugar exacto de su partida, pero cuando se lo indiqué a mi madre no hizo falta preguntarle más. Sí, fue allí. El asombro y la emoción delataron el secreto de mi madre que era precisamente en el lugar en que cayó abatido. Ese sitio me empuja a mirar hacia arriba, descubriendo lo último que vio mi padre. Ese cielo encuadrado por la altura de las torres inclinadas, dibujando un camino, su camino hacia el cielo. El mismo sitio donde en su primer cumpleaños sin él le pusimos flores, acompañándonos los reflejos de los altos edificios. Al depositarlas comenzó a llover y pensé: «Está llorando». Al retirarnos y empezar de nuevo a caminar de vuelta la lluvia cesó de golpe, dejando paso de nuevo al sol. Con aquello, los cielos dieron paso a la esperanza de que permanecía con nosotros.

Cada año por mi cumpleaños me sorprende con algún regalo. ¿Quién mejor que él se acuerda de la hora exacta a la que nací? Justo en ese minuto me toca el bingo extraordinario ¿Quién hace que cada año ese día me llamen para colaborar en un nuevo proyecto? ¿Quién consigue que se resuelva con éxito algún problema importante de los míos? El valor material no es lo importante. Ese valor se diluye por completo pensando o queriendo pensar que detrás estos acontecimientos esta él, el hombre que me enseño el valor de la libertad, el valor de la responsabilidad, el valor de la lealtad, el valor de la generosidad, el valor del amor y al que podía acudir sin temor para hablarle de cualquier tema. En él encontraba siempre una respuesta y jamás un reproche. No hacía de la critica su deporte favorito y lo hacía de la escucha y del dialogo. ¡Cómo lo echo de menos!

Sufrió con resignación las sucesivas enfermedades que tuvo en los veinte años anteriores, con enorme dolor las perdidas de los familiares más cercanos que nos iban dejando, con felicidad infinita la llegada de sus nietas y el verlas crecer, y con verdadero amor el día a día al lado de la mujer a quien tanto quiso.

Esas nietas fueron las autoras del emotivo recuerdo en su funeral que aquí trascribo:

«Querido abuelito: Estas palabras van para ti. Alguien con un gran corazón, con muchísimo sentido de humor, alguien al que conocías y no podías olvidar. Él es (era) muy especial para todo el mundo. De él solo me quedan buenos recuerdos y todavía uno no se cree que se haya ido, que ya no está con nosotros al lado nuestro. Hemos pasado tan buenísimos momentos con él que es imposible dejar de recordarle. Él nos enseño lo que era compartir, el estar siempre feliz, a vivir. Él es (Fue) un gran abuelo, un maravilloso padre, un encantador marido, un hermano, un amigo y un familiar sin duda memorable al que siempre lo tendremos en nuestros corazones. La mejor persona que hemos encontrado».

Mi duelo empezó mucho antes de aquel día. Intenté utilizar todas aquellas herramientas que trasmitía a los demás y que a la vez ellos me habían trasmitido, pero el tiempo me iba dando mis propias pautas. Anteriormente había empezado a escribir una especie de diario para otro ser querido, que tan solo con siete meses de diferencia también nos había dejado: mi abuela. En él le informaba de mis acontecimientos cotidianos, le agradecía su existencia entre nosotros y le felicitaba por el día de su cumpleaños sin saber que de la misma manera tendría que felicitar a mi padre siete meses después. Sin embargo, hacia él era distinto porque tenía una insaciable necesidad de escribir para contarle todo de una forma más frecuente a cuando estaba en ese espacio vida.

Y me decidí por elaborar un álbum donde recogiera parte de las etapas de su vida, al principio fue hasta divertido. Encontré recortes de periódico donde informaban de su nacimiento o su comunión, su familia. Por allí también andaban sus memorias de aquella mili en el norte de África —que tantas veces le oímos comentar–, su noviazgo, su trabajo… Era muy fácil, sí. Hasta que me tocó la parte de su vida, compartida con la mía, cada foto que encontraba era un volver a revivir un momento que me trasportaba a a otros miles de momentos maravillosos vividos a su lado. Ante la imposibilidad de repetirse aparecía de nuevo la tristeza, la ira y la impotencia. Cuando coloque la última foto que tenía con él, hecha apenas un mes antes de su partida, me di cuenta de que también era el momento de la última etapa del duelo; la aceptación.

No sé todavía si he aceptado su muerte (creo que sí), pero estoy bien segura de que los años que compartí a su lado son parte de lo que hoy pienso, de lo que siento, de lo que soy, de mi forma de vivir… y serán parte de lo que piensen, sientan, y vivan los míos.

Ese día no era ya un simple día de primavera. Fue un 15 de Abril de 2008 que ya nunca pasará como un día cualquiera de primavera que arrancar del calendario.

La vida sigue para ti...

Escúchame, soy yo. Vuestro ser querido ausente ya del espacio vida. Sé que no queríais que partiera y, como vosotros, he llorado y lo sigo haciendo por no estar a vuestro lado. ¡Sentí tanto marcharme! ¡Cuánto os echo de menos!

La vida sigue para ti, no lo olvides. Recuérdame en el amor, no en la tristeza ni en el sufrimiento. Disfruta de la vida tanto como puedas —pasa muy deprisa—, cuídate y cuida a los demás y, sobre todo, deja fluir el afecto y la empatía. Es mucho más gratificante el amor que la envidia y el rencor. El odio apártalo de ti en cuanto notes su vileza y su cobardía porque solo te hará infeliz.

Te lo digo a ti mamá. Sé que estuvimos muy poco tiempo juntos. Yo ni siquiera llegué a nacer o había nacido y me marché enseguida. No llegué a saludaros pero vosotros, mi familia, si os despedisteis de mí. Apenas pude daros mi agradecimiento por vuestra bienvenida que resultó una despedida al tiempo. ¡Cómo me hubiera gustado dedicaros mi primera sonrisa! Ahora mis sonrisas están en vosotros, en los hermanos que vendrán. Dedicaros mas momentos juntos, papa, mama, y aparecerá mi amor. Observad a los niños jugar porque yo estaré a su alrededor. Sentid mis cuidados y sentid mi amor hacia todos.

Mamá, sé que sigues triste pero no quiero que me recuerdes de esa manera. Te conocí, te sentí, te admire, me reí contigo, me relajé en tus entrañas. Me encantaba bailar a la vez que tú lo hacías y lloré a tu ritmo, alcanzando un nexo de unión que nunca se romperá. No estás sola porque siempre iré de tu mano. Te quiero mami.

Te lo digo a ti hija. No desperdicies tu vida buscando la seguridad en los hospitales porque cuando los necesites estarán ahí. Mejor busca tu seguridad en ti misma. No lo sabes pero eres fuerte. Es normal que nos eches de menos pero entiende que debes seguir viviendo tu vida. Tienes una pareja que te quiere y que espera que vuelvas a ser aquella chica alegre de la que se enamoró como un párvulo. Tú no eres la mujer invadida por el miedo de la que se prendó, la que viaja solo para ir al cementerio. Es verdad que nos encanta que lo hagas y que nos traigas todas las flores del mundo, pero hay muchos lugares que te están esperando para que te encuentres con ellos y los disfrutes, que disfrutes de tu pareja de tus amigos, que disfrutes de la vida. Te queremos y queremos verte feliz, deseando que consigas o al menos luches por tu propia felicidad.

Te lo digo a ti hermana. Cada vez que tocas la guitarra —cada día con más acierto además— me emociono a tu lado tanto o más que antes con el devenir de las notas musicales. No recuerdes aquel accidente, ¡para qué! Siento que mi cumpleaños terminara precisamente así. ¿Sabes qué imagen emergía de forma continua en mi partida? ¡La caja de bombones nada menos! Es broma, las imágenes que se presentaban eran de ti, de papá y mamá, de mi novia, de mis amigos, de mi grupo, de mi música, del día que hubiera comenzado mi nueva etapa en aquella casa recién comprada. ¡Qué cerca parecía estar todo ello y qué rápido se me escapó! Nunca llegué siquiera a rozarlo. Momentos que hubieran sido felices y momentos que hubieras compartido conmigo plenamente. En todos los momentos importantes que están a punto de presentarse en tu camino yo estaré a tu lado, no lo dudes.

Te lo digo a ti primita, ¡Cuántos momentos felices me he perdido a tu lado! Ahora no jugaríamos con nuestros ositos, olvidados en algún rincón de nuestra infancia, pero compartiríamos otros juegos y por supuesto la vida, que siempre sabe mejor compartida. Yo formé parte de ella y sé que me llevas contigo en tus recuerdos y en tu corazón. Gracias.

Te lo digo a ti mamá, gracias por ser la mejor madre del mundo. Aprendí de ti a luchar, a ser fuerte hasta el último minuto de mi vida. Siempre aprecié y reconocí tu atención —excesiva acaso algunas veces— pero tú presentías mi destino y tus miradas así lo decían. Yo lo negaba y me costaba reconocer tus señales; o simplemente no quería. Fuiste y sigues siendo una madre modelo, como yo fui y sigo siendo tu hijo. Por esta razón te regalo unas bonitas flores en cada aniversario de mi despedida. Flores que cada año desprenden la esencia de la vida porque así es como quiero que me recuerdes. Comprendo tu temor ante el dolor de un hijo pero no me gusta verte así. Sufrí como tú lo hiciste aunque lo hicieras en silencio, a mi lado y yo al tuyo. Lo expresaba con gestos y solo me calmaba coger tu mano en aquel duro trance. Pero mi vida trascurrió, mas allá de esos momentos agrios, en la grandeza de sentir el amor de una pareja, el amor de una gran familia, de mis queridos abuelos, en el amor de unos padres maravillosos y en especial de una madre que, en su deseo de cuidarme, se preocupó tanto que difícilmente pudo disminuir ese estado de alerta, al que yo a veces reaccionaba con enfado. Lo entendía, esperaba e incluso me satisfacía, de veras, porque ello significaba que mi madre siempre estaba ahí, siempre a mi lado.

Gracias por el valor de recoger mi título universitario, tan vuestro como mío ahora, aunque lo natural hubiera sido que hubiese ido yo a recogerlo. Bobadas, ahora da igual aunque es parte también de mi vida, como mi sentido de humor, mis ganas de abrazaros y mandaros mensajes de cariño. No deseo que mi estado de sufrimiento, al final del trayecto, nuble estos momentos de luz y el camino de una vida que aunque corta resultó plena. Por eso os pido que recordéis el camino, no solo el final del trayecto. Por favor seguid adelante, recordándome en los mejores momentos y olvidando los peores. Caminad los dos juntos en la dirección del amor, donde también estoy yo. No necesitáis vivir para mí sino conmigo; eso es lo importante. Os quiero.

Te lo digo a ti hijo. Lloré desconsoladamente por no llegar a tu estreno. Me sentí ridículo al irme tan solo dos días antes —mira que morirme así—, pero ahora tengo la mejor butaca del teatro, ocupo el escenario completo y me adentro en los recovecos de platea para verte mejor. Mi disfrute y satisfacción van en aumento cada función que pasa. Eres un gran bailarín; el mejor para mí. Tu inspiración y emotividad en tus movimientos perfectos me ayudan a encontrar mi paz espiritual siguiendo el mismo ritmo. ¡Gracias!

Te lo digo a ti hija. Sé que quieres a los tuyos como yo te quise a ti y eso me congratula especialmente. No apartes tus ganas de reír y comparte esa alegría siempre, porque en esa atmósfera que creas siempre estaré. Siento haberme ido sin despedirme —estaba tan cansado—. Advertí que lo sabias, que lo intuías. Cada día que te veía era un último adiós, era mi última despedida. Aquel beso que me diste fue el anuncio de mi partida. ¡Qué difícil es comprender que la vida se apaga! ¡Qué difícil es comprender que el futuro se para!, y qué gratificante resulta compartir el tuyo. La vida sigue para ti y debes disfrutarla. Constrúyela, con cuidado, con cautela, siempre con mi ayuda. Encuéntrame, seguiré estando a tu lado. No desesperes porque no estoy y recuerda lo que te enseñé. Recuerda lo que te amé y nunca desaparecerá de tu vida la sonrisa, porque nunca te dejaré sola y siempre te acompañaré.

Te lo digo a ti, amiga que encontraste el paraíso. Los mensajes así me lo demostraban, nos los escribías al aire a mi me llegaban. Gracias por tu felicitación, gracias por acordarte de mi, gracias por incluirme en tus pensamientos. Gracias. Sigue disfrutando del paisaje, es tuyo. Ahora sé que el paraíso existe.

Os lo digo a vosotros padres. Siento mucho vuestro sufrimiento en el último día de mi vida. Apenas duró un instante nuestro primer encuentro después de tantos meses y nada duró nuestro esperado encuentro al día siguiente porque ni siquiera llegó a tener lugar. Disfruté poco de vuestra compañía pero quiero que podáis seguir disfrutando de vosotros. Gracias por venir a visitarme. Aquel fue el día más feliz de mi vida.

Os lo digo a todos:

Valorad, disfrutad, visualizad, sentid y pensad en los recuerdos que tenéis de mí, será la única forma de olvidaros de la angustia y la mejor manera de recordarme, para siempre, con amor.

www.ingramcontent.com/pod-product-compliance
Lightning Source LLC
Chambersburg PA
CBHW041228270326
41935CB00002B/2